本书受中南财经政法大学出版基金资助

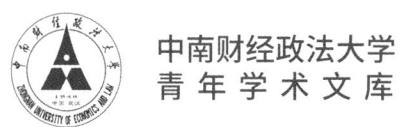

中南财经政法大学
青年学术文库

上市公司业绩预告问题研究

Research on the Issues of Earning Preannouncement in Chinese Listed Companies

彭 艳 ○ 著

中国社会科学出版社

图书在版编目（CIP）数据

上市公司业绩预告问题研究/彭艳著.—北京：中国社会科学出版社，2018.9

（中南财经政法大学青年学术文库）

ISBN 978-7-5203-2782-4

Ⅰ.①上… Ⅱ.①彭… Ⅲ.①上市公司—企业绩效—研究—中国 Ⅳ.①F279.246

中国版本图书馆 CIP 数据核字（2018）第 154250 号

出 版 人	赵剑英
责任编辑	徐沐熙
特约编辑	李盛楠
责任校对	乔 牧
责任印制	戴 宽

出　　版	中国社会科学出版社
社　　址	北京鼓楼西大街甲 158 号
邮　　编	100720
网　　址	http://www.csspw.cn
发 行 部	010-84083685
门 市 部	010-84029450
经　　销	新华书店及其他书店

印刷装订	北京君升印刷有限公司
版　　次	2018 年 9 月第 1 版
印　　次	2018 年 9 月第 1 次印刷

开　　本	710×1000 1/16
印　　张	15.75
插　　页	2
字　　数	196 千字
定　　价	42.00 元

凡购买中国社会科学出版社图书，如有质量问题请与本社营销中心联系调换
电话：010-84083683
版权所有　侵权必究

《中南财经政法大学青年学术文库》
编辑委员会

主　任：杨灿明

副主任：吴汉东　姚　莉

委　员：（按姓氏笔画排序）

　　　　　朱延福　朱新蓉　向书坚　刘可风　刘后振

　　　　　张志宏　张新国　陈立华　陈景良　庞凤喜

　　　　　姜　威　赵　曼　胡开忠　胡贤鑫　徐双敏

　　　　　阎　伟　葛翔宇　董邦俊

主　编：姚　莉

目 录

导 论 ……………………………………………………………（1）
 第一节 选题背景与研究意义 ……………………………（1）
  一 选题背景 ……………………………………………（1）
  二 研究意义 ……………………………………………（3）
 第二节 国内外研究综述 …………………………………（8）
  一 国外研究综述 ………………………………………（8）
  二 国内研究综述 ………………………………………（20）
 第三节 研究思路与研究方法 ……………………………（24）
  一 研究思路 ……………………………………………（24）
  二 研究方法 ……………………………………………（26）
 第四节 基本概念界定 ……………………………………（28）

第一章 上市公司管理层业绩预告的理论基础 ……………（30）
 第一节 信息不对称理论与管理层业绩预告 ……………（30）
  一 信息不对称理论 ……………………………………（30）
  二 业绩预告——缓解信息不对称的重要手段 ………（32）
 第二节 投资者保护理论与管理层业绩预告 ……………（34）
  一 投资者保护的缘起与投资者保护理论主要流派 …（34）
  二 信息披露与投资者保护 ……………………………（35）

三　管理层业绩预告对投资者利益的保护 …………（37）
第三节　有限理性经济人假说与管理层业绩预告 …………（38）
　　一　有限理性经济人假说 …………………………（38）
　　二　有限理性经济人假说对业绩预告的影响 ……………（39）
第四节　有效市场假设与管理层业绩预告 ………………（40）
　　一　有效市场假设理论 ……………………………（41）
　　二　管理层业绩预告的有效市场理论基础 ………………（43）
第五节　印象管理理论与管理层业绩预告 ………………（46）
　　一　印象管理理论 …………………………………（46）
　　二　印象管理在公司报告中的运用 ………………………（48）
　　三　印象管理理论在管理层业绩预告中的运用 …………（49）

第二章　上市公司管理层业绩预告基本理论研究 …………（52）
第一节　管理层业绩预告与财务报告目标 ………………（52）
　　一　财务报告目标 …………………………………（53）
　　二　管理层业绩预告有助于实现财务报告目标 …………（56）
　　三　管理层业绩预告披露的目标 …………………………（58）
第二节　管理层业绩预告的内容特征 ……………………（63）
　　一　自愿披露公司业绩预告信息 …………………………（64）
　　二　业绩预告的披露时间选择 ……………………………（65）
　　三　业绩预告的误差与态度 ………………………………（66）
　　四　业绩预告的精确度 ……………………………（67）
第三节　管理层业绩预告的动因 …………………………（69）
　　一　业绩预告的理论动机 …………………………（70）
　　二　业绩预告的影响因素 …………………………（75）
第四节　管理层业绩预告的原则 …………………………（77）
　　一　成本与收益间的均衡 …………………………（77）

二　可靠性与相关性间的平衡 ……………………………… (82)
　　三　自愿性与强制性相结合 ………………………………… (83)
　　四　及时性原则 ……………………………………………… (85)
　第五节　管理层业绩预告的经济后果 …………………………… (86)
　　一　对市场参与者行为的影响 ……………………………… (86)
　　二　对公司行为的影响 ……………………………………… (88)
　　三　对公司微观经营环境的影响 …………………………… (89)
　第六节　管理层业绩预告的监管 ………………………………… (91)
　　一　财务信息披露的监管模式 ……………………………… (92)
　　二　业绩预告信息披露的监管内容与手段 ………………… (93)
　　三　美国的监管经验 ………………………………………… (97)
　　四　盈利预测信息披露的"安全港"规则 ………………… (98)

第三章　中美业绩预告制度变迁及我国披露现状研究 ……… (100)
　第一节　美国盈利预测披露制度变迁 …………………………… (100)
　　一　1973年前禁止披露阶段 ………………………………… (100)
　　二　1973—1995年制度形成阶段 …………………………… (102)
　　三　1995年强化法定"安全港"规则与预告警示原则 … (105)
　　四　2000年通过公平披露规则加强投资者保护 ………… (107)
　第二节　我国业绩预告制度变迁及披露现状 …………………… (110)
　　一　我国业绩预告制度发展历程 …………………………… (110)
　　二　我国上市公司业绩预告现状 …………………………… (116)

第四章　上市公司管理层业绩预告披露影响因素研究 ……… (125)
　第一节　理论分析与研究假设 …………………………………… (126)
　　一　公司治理因素与预告特征 ……………………………… (126)
　　二　公司财务因素与预告特征 ……………………………… (130)

三　其他公司因素与预告特征……………………………(131)
　　四　外部环境因素与预告特征……………………………(134)

第二节　变量选择与检验模型设计………………………………(135)
　　一　样本与数据……………………………………………(135)
　　二　变量选择与衡量………………………………………(136)
　　三　模型构建………………………………………………(139)

第三节　统计结果与分析…………………………………………(140)
　　一　描述性统计……………………………………………(140)
　　二　相关性分析……………………………………………(145)
　　三　多元回归结果与分析…………………………………(145)
　　四　敏感性测试……………………………………………(153)

第四节　实证研究小结……………………………………………(156)
　　一　公司治理因素…………………………………………(156)
　　二　公司内部其他因素……………………………………(157)
　　三　外部环境………………………………………………(157)

第五章　上市公司管理层业绩预告可信度研究……………………(159)
　第一节　业绩预告可信度理论分析框架…………………………(160)
　　一　信息可信度……………………………………………(160)
　　二　管理层业绩预告可信度………………………………(160)
　　三　管理层业绩预告可信度影响因素分析框架…………(162)

　第二节　研究假设…………………………………………………(166)
　　一　业绩预告特征的影响…………………………………(166)
　　二　其他影响业绩预告可信度的因素……………………(167)

　第三节　变量选择与检验模型设计………………………………(174)
　　一　样本与数据……………………………………………(174)
　　二　研究方法选择…………………………………………(174)

三　检验设计……………………………………………(176)
　　四　变量选择……………………………………………(179)
第四节　统计结果与分析……………………………………(180)
　　一　单因素检验结果与分析……………………………(180)
　　二　多元回归结果与分析………………………………(184)
第五节　实证研究小结………………………………………(188)
　　一　业绩预告特征………………………………………(188)
　　二　管理层可信度………………………………………(189)
　　三　预告环境动机与内外部保证………………………(190)

第六章　完善业绩预告披露的政策建议……………………(191)
第一节　建立健全业绩预告披露法规……………………(191)
　　一　继续实行业绩预告半强制性披露制度……………(191)
　　二　进一步完善业绩预告法规体系……………………(192)
　　三　完善业绩预告披露的规定…………………………(192)
　　四　设立"安全港"制度…………………………………(194)
　　五　建立业绩预告民事诉讼赔偿制度…………………(195)
第二节　加强对业绩预告披露的外部监管………………(196)
　　一　优化自愿性披露激励机制…………………………(196)
　　二　加强事后准确性监管………………………………(197)
第三节　发挥证券分析师约束作用………………………(198)
　　一　证券分析师的市场作用……………………………(198)
　　二　加强证券分析师行业建设措施……………………(200)
第四节　从公司内部提高业绩预告披露质量……………(201)
　　一　制定公司内部业绩预告披露策略与制度…………(201)
　　二　完善内部公司治理…………………………………(203)

研究结论 …………………………………………………… （207）

    第一节 研究总结 ………………………………………… （207）

    第二节 研究局限与进一步研究方向 …………………… （210）

主要参考文献 ………………………………………………… （212）

后　记 ………………………………………………………… （240）

导　论

第一节　选题背景与研究意义

一　选题背景

信息不对称在资本市场中广泛存在，严重影响了资本市场的运行效率和其正常的资源配置功能。对非对称信息研究作出奠基性贡献的美国经济学家约瑟夫·斯蒂格利茨（Joseph Stiglitz）提出：在信息不对称情况下，具备信息的一方会采取某种行动以克服信息不对称带来的困惑。上市公司管理层财务信息的披露可以看成是减少信息不对称并降低逆向选择问题的措施。可见，信息不对称问题决定了信息披露在整个资本市场运行过程中处于中心和基础地位。

随着我国注册制改革的稳步推进，信息披露也逐渐被提升到一个绝对重要的位置。新股发行注册制以发行人信息披露为中心，发行人信息披露的真实性、准确性、完整性由中介机构进行把关，监管部门仅对发行人及中介机构申请文件的合规性进行审核，由投资者根据发行人充分的信息披露自行判断企业的价值和风险。充分披露是高效运行的市场对信息优势方提出的进一步要求。预测性信息是对历史财务数据必要的、有益的补充，是充分披露必不可少的内容。作为预测性信息的一个类别，我国的业绩预告信息一方面能够缓解投资者与企业管理层间的信息不对称问题，减少内部人通过信息优势获利的机会，为证券市场有效运行提供保障；另一方面，通过管理层业绩预告这种重要的信息披露机制，管理层可以建立或改变市场对公司盈利的期望，同时树立管理层透明、准确的信息披露形象。

我国自1998年首次推出业绩预告制度以来，上市公司发布的业绩预告已经成为市场上重要的信息来源，其披露质量及信息含量备受理论界与实务界关注。业绩预告披露制度在我国经历了几次较大的变化，虽然现行制度没有限制自愿的业绩预告披露，但从某种意义上来讲，现阶段我国二级市场上的业绩预告制度仍属于半强制性披露范畴。但信息的自愿披露与强制披露并不绝对，对于强制性信息披露而言，上市公司管理层仍可能出于某些特殊目的的考虑，在披露方式、披露时间及内容上进行一定程度的选择，具有自愿性特点。

虽然我国现在已形成比较成熟的业绩预告规范体系，在预告时间间隔、预告主体与范围、业绩变化的衡量标准、豁免条件、预告的时间及形式要求等方面的规定趋于稳定，但仍需在理论上回答诸如：管理层业绩预告理论基础有哪些；其基本理论包括哪些内容；管理层披露不同特征的业绩预告所带来的市场反应有何不同；除业绩预告自身特征外，公司预告时所处的环境、业绩预告供应链上的其他环节是否影响着市场的判断；管理层业绩预告的特征是怎样形成的；具体受到哪些因素的影响等问题。因此，本书通过对管理层业绩预告披露理论与经济后果的研究，厘清公司管理层业绩预告动机、特征形成原因及影响其披露可信度的因素，为完善上市公司信息披露与监管制度提供理论支持。

对公司管理层而言，本书通过向管理层提供学术界关于业绩预告的研究成果，在管理层获知市场如何对其披露的预告作出反应基础上，帮助他们决定是否、何时或者如何进行预告披露，通过调整披露策略以获得理想的市场反应，同时提高管理层业绩预告披露决策的效率。对于投资者而言，本书全面介绍了业绩预告的特征及其可能带来的影响，投资者可以通过自己的决策行为，反作用于公司，引导公司对其披露作出改变。对于监管者而言，监管者较为关心业绩预告的质量、频率及有效性，并对业绩预告披露的时间等细节作出规定，本书对业绩预告所引起的市场反应及业绩预告特征形成机制的研究，可以使监管者制定更加合理的业绩预告披露规则，提高市场监管效率。

二 研究意义

（一）确保资本市场会计信息公平披露

信息已成为信息社会中比物质和能源更为重要的资源，是具有高度有用性的情报。证券市场本质上是一种信息市场，证券市场的资源配置过程是由证券价格信号来引导的，真实、完整、准确、公平的信息披露构成了证券市场的基础。而信息和激励问题会导致经济学家所说的"次品"问题，该问题可能导致资本市场功能失效[1]。因此，证券市场的资源配置效率和使用效率依赖于市场的定价效率或证券价格的信息含量，依赖于证券发行人的信息披露质量。

资本市场中的会计信息不仅包括已经发生的经济业务事实的信息，还包括有关未来的信息；不仅包括财务信息，如收益信息，也包括非财务信息，如董事会成员的变化等。鉴于信息披露具有经济后果，管理层就有可能为了私利选择性地披露信息，从而产生了选择性信息披露。对财富的追逐必然导致投资者对信息的需求，市场

---

[1] G. Akerolf, " The Market for 'Lemons': Quality Uncertainty and the Market Mechanism" *Quarterly Journal of Economics*, Vol. 84, 1970.

无法完全避免个别投资者利用特殊的个人或利益关系，通过特殊渠道提前获知有价值的信息，这类信息多为财务报表以外的前瞻性信息，这类信息的选择性披露加剧了投资者之间的信息不对称，降低了公众投资者对资本市场的信心，使证券市场产生了严重的信息不公平现象。

面对持续发生的选择性披露和日益发展的信息传播技术，美国证券交易委员会（Securities and Exchange Commission，简称 SEC）在 2000 年 10 月 23 日通过了公平披露规则（Regulation Fair Disclosure，Reg. 简称 FD），禁止上市公司通过选择性披露，向特定财务分析师、机构投资者等披露重要的、非公开的信息。出于限制选择性信息披露行为、改善信息环境的考虑，我国资本市场也在 2006 年明确提出"公平披露"概念[①]，一年之后，证监会在《上市公司信息披露管理办法》文件中再次引用了该概念。可见，会计信息的公平披露已受到各国的普遍关注，实现会计信息的公平披露是资本市场有效运转与资本跨国流动的关键。

（二）改善管理层与投资者间的信息不对称状况

信息不对称理论认为，只要在一个环境里存在两个或两个以上相互对立的主体时，信息不对称就会存在。信息不对称是指某些参与人拥有另一些参与人所不拥有的信息（张维迎，1996）。信息不对称主要有两种类型，一类为事前的信息不对称，指交易之前买方不知道而卖家知道的信息；另外一类为事后信息不对称，指交易之后买方或卖方的行为。在经济理论中，它们分别被称为逆向选择与道德风险。张维迎也指出："资本市场的风险主要不是根据大数定律可以保险的风险，而是来自信息不对称而导致的道德风险和逆向选择。"[②] 由于代理关系的存在，作为信息提

[①] 深圳证券交易所：《上市公司公平信息披露指引》，2006 年。
[②] 张维迎：《企业理论与中国企业改革》，北京大学出版社 1999 年版，第 229 页。

供者的管理层和作为信息需求者的外部信息使用者显然处于信息不对称的状态。通常企业管理者比外部信息使用者更加熟悉企业内部经营活动，因此在双方博弈关系中占据优势地位。会计信息披露上的逆向选择是当公司拥有坏消息（如公司业绩较差或没有达到盈利预期）时，经理人出于自利考虑延迟或不披露该消息，导致投资者作出不恰当的决策甚至因此遭受损失。而会计信息的道德风险则是由于经理人利用信息优势进行信息披露管理，披露对自己有利的信息，而不披露、尽量少披露或延迟披露对自己不利的信息。科勒和约恩（Coller and Yohn，1997）对美国1988—1992年间278个盈余预测样本进行实证研究，发现披露盈余预测的公司存在着严重的信息不对称，并且盈余预测可以缓解信息不对称[1]。

利用市场机制缓解投资者与经理层的信息不对称问题，其基本思路是，在两者间加强信息沟通，"信息传递"（signalling）和"信息甄别"（screening）则是实现信息沟通的基本途径。信息传递指信息优势方主动向市场披露信息的行为，而信息甄别指信息劣势方主动发现或诱使对方暴露信息的行为。因此，资本市场上应要求管理层全面披露公司的所有信息（包括私有信息），以降低信息不对称。由于上市公司管理层掌握有详细而具体的内部信息，完全有能力预测公司盈余，或者在业绩信息正式公布之前提前预知，同时这类业绩信息也是具有信息含量的，因此，上市公司管理层业绩预告有助于降低公司管理层与市场投资者间的信息不对称程度，进而实现资本市场资源的有效配置。

（三）提高企业价值估计的精确性

可持续发展理论认为，企业价值不是来自企业过去实现的收益

---

[1] Maribeth C. and T. L. Yohn, "Management Forecasts and Information Asymmetry: an Examination of Bid-Ask Spreads" *Journal of Accounting Research*, Vol. 35, 1997.

或现在拥有的资产,而是源自其未来获取现金流的能力。因此,企业价值难以通过利润、单项资产价值及收益等概念来表述,只能利用各因素综合作用的未来现金流量现值来进行准确的衡量。相应地,目前大多数企业价值估价模型都运用了预期未来现金流量这一估计值,而该估计值往往难以获得,因此必须使用其他变量替代。会计盈余的预测值常被用作预期未来现金流量的替代变量①。虽然会计盈利与现金流量存在着差异,且只有在某些极端的情况下,未来的会计盈利才会等于未来的现金流量。但不可否认的是,会计盈余与现金流量都包含着相同的经营现金流量,所以两者是相关的。这足以让研究者与投资者在估价模型中使用预测的会计盈利作为未来现金流量的一个替代。

米勒和莫迪利安尼(Miller and Modigliani, 1958)在他们的投资理论中陈述了收益与公司价值的关系及考虑未来收益流资本化价值的必要性问题。哈莫达(Hamada, 1969)将米勒—莫迪利安尼估值模型(Modigliani Miller Models,简称 MM 模型)与夏普(Sharpe, 1964)和林特纳(Lintner, 1965)的资本资产定价模型(The capital asset pricing model)相结合,提出在严格假设下,公司的价值仅取决于公司未来收益的可能分布与决定风险收益报酬结构的市场因素。公司盈利预测的信息会影响对未来收益可能分布的估计,这也是盈利预测信息的价值及研究意义之所在。

(四)完善上市公司信息披露与监管制度

信息披露直接影响着证券市场的透明度和定价效率,不仅是投资者进行投资决策的重要依据,也是证券市场"三公"原则的法定基础和各国(地区)证券市场监管的核心内容。

1994 年,美国注册会计师协会(American Institute of Cerified

---

① [美]罗斯·L. 瓦茨、杰罗尔德·L. 齐默尔曼:《实证会计理论》,陈少华等译,东北财经大学出版社 2006 年版,第 13 页。

Public Accountants，简称 AICPA）在《改进企业报告——面向用户》的长篇报告中指出：信息使用者的目标是预测企业财务的未来情况，有关未来的信息包括各种预测信息或有助于预测的信息[1]。市场投资者应该着眼未来，要求市场提供包括企业机会与风险、经营计划在内的前瞻性信息。

我国投资者对预测性信息的需求也在不断加大，吴联生（2000）"关于上市公司会计信息需求"的问卷调查结果显示，73.33%的机构投资者和80%的个人投资者表示非常需要未来信息，26.67%的机构投资者和20%的个人投资者表示需要未来信息；与之相对，只有10%的机构投资者和1.11%的个人投资者表示非常需要历史信息[2]。由此可见，我国投资者对信息的关注已从历史信息转向未来信息，并对与企业未来经济活动有关的、有助于预测和评价未来企业价值的经济指标和有关信息提出要求。也正如美国安达信会计公司全球执行总裁温巴奇所说的那样，在这个比以前任何时期变化都迅猛的世界里，预测性信息的价值要比任何时期都重要。

资本市场对公司盈利的预测来自管理层披露和证券分析师预测，由于管理层所具有的天然信息优势，他们披露的预测性信息受到了信息使用者更广泛的关注与重视。通过管理层盈利预测这种重要的自愿性披露机制，管理层可以建立或改变市场对公司盈利的期望，同时可以树立管理层透明、准确的信息披露形象。公司管理层发布的盈利预测信息作为公司财务报表有益而必要的补充，已被众多实证研究证实其具有信息含量，是资本市场中信息披露的重要组成部分。但盈利预测本身不可避免地具有不确定性和一定程度的主

---

[1] 财政部会计司：《论改进企业报告：美国注册会计师协会财务报告特别委员会综合报告》，陈毓圭译，中国财政经济出版社1997年版，第15、16、142页。

[2] 吴联生：《投资者对上市公司会计信息需求的调查分析》，《经济研究》2000年第4期。

观性，很容易成为管理层信息披露的操纵对象和工具，这也是对预测性信息披露持观望甚至反对态度的主要原因所在。随着上市公司自愿性盈利预测信息需求与披露的增加，相关信息的披露与监管制度将逐渐成为市场的焦点。

第二节 国内外研究综述

一 国外研究综述

盈利预测在国外属于自愿性披露范畴，常被学者选作自愿性披露研究对象，因此，研究成果相当丰富。已有综述文献回顾了管理层盈利预测披露的动机、策略、市场反应、准确度等，而本书在维德曼（Wiedman，2000）[1]对自愿及强制性披露要素分类[2]的基础上，从环境因素、盈利预测披露主体特征、披露特征及披露后果四个角度对管理层盈利预测已有文献进行评述。

（一）信息披露环境

披露环境属于公司外部的、市场共有的特征，包括法律与监管环境、证券分析师与投资者环境。披露环境与公司内部特征被统称为预测信息披露前提，是管理层预测披露决策前已存在的因素，这些因素将影响管理层的披露决策，并将进一步影响盈利预测披露的后果。

尽管盈利预测属于自愿性披露，法律与监管环境仍能影响公司预测披露的形式以及渠道。美国相关市场监管在近四十年中发生了

---

[1] Wiedman C., "Discussion of: Voluntary Disclosure and Equity Offering: Reducing Information Asymmetry or Hyping the Stock?" *Contemporary Accounting Research*, Vol. 17, 2000.

[2] 维德曼从环境（environment）、属性（attributes）与影响（impact）三个要素来总结自愿性与强制性披露的特征。

四次明显的变化①。琼森等（Jonson et al.，2001）发现，《私人证券诉讼改革法》（The Private Securities Litigation Reform Act，简称 PSLRA）法案的实施并没有导致管理层盈利预测质量下降，至少对于高科技企业来说是这样。而在 Reg. FD 法案实施以前，管理层进行了广泛的私下信息传递（Ajinkya and Gift，1984；Hutton，2005）。但包括监管者在内的许多人担心 Reg. FD 的实施会使管理层选择停止进行披露，然而，研究证明，Reg. FD 实施之后盈利预测的披露反而出现了上升趋势，没有出现信息不友好效应（Bailey et al.，2003；Heflin et al.，2003）。王艳艳（Wang，2007）研究表明，Reg. FD 实施后公司是否继续披露盈利预测与公司内在特征有关。实际上，信息不对称性较低及私有信息成本较高的公司在 Reg. FD 实施后减少了公司的信息披露，更有甚者采取不披露的措施。上述文献都是对新法案带来的盈利预测披露效应进行研究。然而，巴金斯基等（Baginski et al.，2002）通过比较不同的法律体制，检验法律环境对公司盈利预测行为的影响。通过对美国与加拿大的比较，他们发现两个国家虽然有着相似的经营环境，但美国公司遭遇到的诉讼更多。他们还特别比较了两国的管理层盈利预测，结果表明相对于美国公司，加拿大公司管理层决策时对诉讼考虑得较少，他们披露的盈利预测较多，特别是当公司处于利润上升时期时。并且他们披露的预测期更长，具有更高的精确度②。

投资者与分析师会在市场上寻求前瞻性信息如盈利预测，并且

---

① 1973 年，SEC 允许公司在其法定呈报中包括前瞻性信息（forward-looking information）；1979 年，SEC 采纳了安全港制度，如果公司出于善意目的披露前瞻性信息则将被免于法律诉讼；1995 年 12 月 22 日通过的 PSLRA 修正了 1979 年的安全港制度，确立了"预告警示学说"（Bespeaks Caution Doctrine）以减少公司所面临的诉讼风险；最后，SEC 在 2000 年通过了 Reg. FD，禁止上市公司对重要信息进行选择性披露。

② 国外的学者们在盈利预测研究中对该词的解释是指信息披露的明确性，即预测属定量预测、数值区域还是趋势性预测。国内学者将这一概念译为精确度（陈芳芳，2008）。

更愿意投资于或关注于前瞻性信息披露较多的公司，他们的行为也会影响到管理层盈利预测的披露。随着机构投资者所持股票市值比重与分析师关注公司数量的不断上升，公开提供盈利指导的公司数量也在不断增加（Ajinkya et al.，2005；Healy et al.，1999）。

（二）公司内部特征

公司特征是属于公司特有的内部特征，这些特征因公司而异。

1. 信息不对称

盈利预测信息的供求影响着股票市场的价格，管理层披露盈利预测目的之一便是降低管理层与分析师、投资者或潜在投资者之间的信息不对称（Ajinkya and Gift，1984；Verrecchia，2001）。已有实证研究表明，信息不对称的降低会提高股票流动性并降低公司资本成本，并且公司行为与信息不对称及程度有关。相较于不披露盈利预测的公司，披露预测的公司信息不对称程度较高[①]（Colle and Yohn，1997）。并且研究发现盈利预测披露之后公司的信息不对称有所降低。

2. 市场对披露的预期

管理层规律地、频繁地披露盈利预测会使市场形成对未来盈利披露的预期。经济理论认为这种预期也能降低信息不对称，是公司资本成本影响因素之一。虽然良好的盈利预测披露声誉益处明显，但管理者进行预测披露选择时仍存在较大差异，一些企业有规律地进行预测披露（季度或年度的预测），而另外一些企业只是偶然地进行盈利预测的披露。麦克尼科尔斯（McNichols，1989）对1979—1983年间548个企业的733个预测披露样本进行研究，发现在整个期间大概有一半的样本企业只进行了一次年度盈利预测，仅有7家企业每年都披露了盈利预测。罗杰斯和斯托

---

① 本书以预测披露前股票的买卖差价（bid-ask spreads）来衡量信息不对称。

肯（Rogers and Stocken，2005）研究结论也大致相同，他们选择的925个预测样本来自1995—2000年间的595家企业，其中63%的企业整个期间只披露了一次盈利预测，仅有7家企业每年都披露了盈利预测。这两个研究只考虑点预测与区间预测，而把其他类型预测排除在外，因此，很可能低估了实际的盈利预测频率。

早期的研究总结了盈利预测披露频率的一些规律。收益稳定企业披露频率高于收益多变企业（Waymire，1985），公司治理水平高的企业盈利预测披露频率高（Ajinkya et al.，2005），而且盈利预测频率与企业业绩有关。米勒（Miller，2002）发现在收益上涨时期盈利预测披露的频率上升，而之后收益恢复稳定时披露的频率明显降低。预测披露频率又与以前期间企业是否达到分析师收益预期有关，不能达到分析师预期的企业则会停止披露盈利预测（Houston et al.，2007）。

3. 公司诉讼风险

公司诉讼风险是影响公司是否进行盈利预测披露的另一个重要因素。尤其当公司出现坏消息时，管理层经常通过盈利预测预先透露盈利信息以避免法律诉讼及其带来的成本（Skinner，1994）。总体说来，研究均表明诉讼风险[①]会影响盈利预测的决策。曹和那瓦压那莫斯（Cao and Narayanamoorthy，2009）发现当面临较高诉讼风险时，掌握有坏消息的管理层更可能进行盈利预测披露；掌握有好消息的管理层则不会考虑诉讼风险，进行披露的可能性相对较小。布朗等（Brown et al.，2005）发现报告好消息或坏消息的公司在面临高诉讼风险时都倾向于披露盈利预测。然而在控制诉讼风险水平后，他们发现坏消息公司明显地比好消息公司更可能进行预测

---

① 这些研究中将公司规模、收益变动性、未决的负面消息及行业会员作为公司诉讼风险的替代变量，其中公司规模通过未决负面消息与诉讼风险正相关，高科技企业更易于遭受到法律诉讼。

披露。

4. 管理层报酬

虽然有研究证明管理层披露盈利预测与降低内外信息不对称有关，然而更多的时候管理层是完全出于个人的原因与利益考量而选择预测披露。公司中存在的管理层激励措施多种多样，研究表明权益型报酬会对管理层的预测行为产生影响。讷格尔等（Nagar et al.，2003）提出权益激励比例高的管理层为了避免市场定价失误而降低个人财富，他们会更多地进行预测披露；另外，由于管理层的沉默也会带来负面效应，权益激励不但鼓励好消息也鼓励坏消息的披露。这一假设在随后的研究中得到了证实，即：管理层盈利预测披露的频率与CEO报酬中受股价影响的部分比例成正比，该频率也受到CEO个人所持有股票的绝对价值影响。

上述研究说明权益激励的管理层常常披露预测盈利以推高股价，但也有与之相反的发现，在某些特殊情况下，管理层会披露使股价下降的盈利预测。如在股票期权授予期管理层会披露含有坏消息的盈利预测，通过降低授予期股价而在将来获利（Aboody and Kasznik，2000）。内部交易也与负面的盈利预测相关，这些都说明管理层会通过操控盈利预测披露的时间而获利。因此可见，管理层报酬形式在盈利预测披露行为中扮演着重要角色。

5. 前期预测行为

公司的前期预测行为包括历史预测的准确度（accuracy）[①] 以及与市场预期的吻合程度等均会影响到后期披露决策。该观点被格拉翰（Graham，2005）等研究所证实，他们发现管理层为了建立良好、准确且透明的报告形象而进行自愿的信息披露（包括盈利预

---

① 准确度是指披露的预测值对实现的真实值或分析师预测值的偏离程度，我国的研究中常将其称为准确度。

测）。实际上，研究还发现前期预测的准确度影响着当前预测的可信度或可靠性（Williams，1996；Hutton and Stocken，2007）。

自20世纪90年代中期以来，管理层更关心公司盈利是否达到分析师的盈利预测，许多的研究结论证明分析师的盈利预测对公司行为影响很大。休斯敦等（Houston et al.，2007）发现不能达到分析师预测的公司会暂时停止管理层盈利预测披露，而等预期能达到分析师预测时，他们将继续披露盈利预测。

6. 私有成本

管理层盈利预测披露虽然能给公司带来众多利益，但同时也会引起成本的发生。私有成本（proprietary costs）对于完全自愿披露来说，是一个重要的阻碍因素。例如，王艳艳（2007）发现研发支出（私有成本的一个代理变量）对公司公开发布盈利预测有着负面影响，即Reg. FD实施之后，私有成本高的公司以不披露策略替代了以前的个别盈利指导。而且，私有成本也会影响到预测披露的特征（Rogers and Stocken，2005；Bamber and Cheon，1998）。然而，阿金克亚等（Ajinkya et al.，2005）用市值与账面价值之比及销售集中度替代私有成本，没有发现私有成本与公司盈利预测决策之间存在相关关系。

（三）管理层盈利预测的具体特征

与盈利预测的外部环境及企业自身特征相比，管理层在盈利预测具体特征的选择上具有较大的任意性。例如，管理层可以选择点预测或区间值预测，也可以决定盈利预测的披露细节。公司在盈利预测特征上存在着很大的差异，本书对相关文献的综述将从消息类型、准确性、精确度、披露及时性等方面进行。

1. 好消息与坏消息

盈利预测所披露的消息一般来说有三类，超过市场预期的好消息、未达到预期的坏消息、支持市场预期①的预测。研究人员发现管理层盈利预测消息类型随时间而变化。国外研究发现早期的盈利预测绝大多数传递的都是好消息（Penman，1980；Waymire，1984），而20世纪80年代早期至90年代中期则出现了另一种趋势。赫顿等（Hutton et al.，2003）发现其研究期间盈利预测样本中好消息与坏消息几乎有着相同的概率。赫顿和斯托肯（Hutton and Stocken，2007）收集的1996—2003年9381个盈利预测样本中，37%为好消息预测，17%为支持型预测，坏消息预测占整个样本的46%。

在对与预测信息类型相关因素的研究中，人们发现坏消息预测与分析师的乐观呈正相关，与公司股票的发行呈负相关（Cotter et al.，2006）；坏消息与公司规模及公司特有的诉讼风险呈正相关（Kasznik and Lev，1995）；另外一方面，好消息预测仅与公司规模相关。而且，行业集中度高（私有成本的代理变量）的公司更倾向于披露乐观的预测（Rogers and Stocken，2005）。

2. 预测准确性

管理层一旦决定披露盈利预测，他们要么努力地披露准确的预测值，要么有策略地进行披露以获得预期的收益。管理层盈利预测在准确性上存在较大的差异，比如，哈塞尔和詹宁斯（Hassell and Jennings，1986）发现1979—1982年的盈利预测中，最高的差错率高达242%，平均差错率为15%。管理层的季度盈利预测准确性要高于年度盈利预测，而且只有大约6%的年度预测值与实际盈利值相吻合，而45%的季度预测值与实际盈利值相吻合（Kasznik，1999；Chen，2004）。研究还发现其他与预测准确度相关的变量，例如，卡丝尼克（Kasznik，1999）与陈（Chen，

---

① 多数研究使用分析师一致的盈利估计作为市场盈利预期的替代变量，当然也存在着其他替代变量，比如Penman（1980）使用的是盈利的时间序列模型估计量。

2004）发现会计弹性低的企业以及预测经验缺乏的管理层所披露准确预测值的可能性较小。与预测误差相关的还有其他一些因素，过度自信的管理者容易发布乐观偏误的预测（Hribar and Yang，2006）；公司治理水平高的公司披露的盈利预测准确度高、误差小（Ajinkya et al.，2005）；股票发行期间公司所披露的盈利预测会有乐观偏误（Lang and Lundholm，2000），这也与前述的管理层报酬有关。另外，罗杰斯和斯托肯（Rogers and stocken，2005）发现当管理层的盈利预测误导行为难以被市场所甄别时，管理层会主观地误导预测。

3. 预测值精确度

管理层披露的盈利预测可以是描述型预测，也可以是数值型预测。描述型盈利预测不会出现盈利的数值（比如，预计下一季度盈利将增加），而数值型盈利预测包括点预测、区间预测、最大值或最小值预测。巴金斯基等（Baginski et al.，1993）的样本来自1983—1986年，其中20%样本为点预测与区间预测；而对1993—1997年盈利预测的研究中，该比例上升到50%（Baginsk et al.，2004；Hutton et al.，2003）。由于点预测与区间预测在衡量预测准确度方面存在优势，这两类预测方式也是实证研究关注的重点。

其实盈利预测的方式也反映了管理层对公司未来的掌控程度（King，1990），精确的盈利预测（如点预测）更能说明公司盈利的确定性。与盈利预测的精确性正相关的因素包括管理层自信、良好的公司治理及分析师关注；与之负相关的因素包括公司规模、收益变化性、私有成本、法律责任及预测期间的长短（Baginski and Hassell，1997；Baginski et al.，2002；Bamber and Cheon，1998）。相对于积极的消息，负面消息预测披露的精确度较小（Choi et al.，2006）。

4. 预测期间与及时性

管理者可以选择盈利预测所覆盖的时间区间，也即是说他们可以提供季度盈利预测或者年度盈利预测。最近的研究发现越来越多的企业从季度预测转向了年度预测。美国投资者关系协会（National Investor Relations Institute，简称NIRI）2006年对其654个公司会员的调查显示，提供年度盈利预测的公司所占比例从61%上升到了82%，而提供季度盈利预测的公司比例则从61%下降到52%。这样的变化趋势可能与市场参与者及研究者们对管理层盈利预测披露战略运用的担心有关，他们认为管理层盈利预测披露战略行为是博弈的结果，特别是他们进行季度盈利预测时。因此，他们一致呼吁减少季度盈利预测。

及时性是盈利预测的另外一个具体特征，它指的是盈利预测与实际收益实现之间的时间差，及时的盈利预测与实际盈利披露时间间隔较长。威迈尔（Waymire，1985）研究自愿性披露的时间问题时，发现收益变动性大的企业进行盈利预测的时间较晚。也有研究发现公司所处的法律环境也会影响到披露的时间选择。

（四）管理层盈利预测的经济后果

管理层盈利预测披露的经济后果包括资本市场反应、筹资成本、盈余管理、诉讼风险、投资者与证券分析师行为及声誉效应等。

1. 市场价格反应

管理者披露盈利预测以缓解信息不对称问题，同时也影响了公司的股价。然而，盈利预测具有价值相关性这一观点开始并不非常明确，早期研究的问题是市场参与者是否依赖管理层的预测进行决策。从20世纪80年代早期研究结论可看出，管理层盈利预测能够影响股票价格，因此其确实具有信息含量[1]。

---

[1] 早期研究，如 Patell（1976）、Penman（1980，1983）、Waymire（1984）、Ajinkya and Gift（1984）及 Pownall and Waymire（1989）已经发现管理层的盈利预测披露会导致股票价格变动。

既然盈利预测具有价值相关性,那么随后的研究主要检验公司及预测特征是否影响盈利预测的信息含量。对于公司具体特征,赫顿和斯托肯(Hutten and Stdcken,2007)检验了公司预测披露的声誉对投资者预测反应的影响,他们对预测声誉(前期预测的准确度及频率)进行计量,发现对于具有良好预测声誉的公司,投资者对他们管理者披露的好消息预测反应更强烈。研究者们推测市场对好消息预测与坏消息预测的反应存在差异。坏消息被认为其自身就含有信息;只有伴有可验证性信息(Hutton et al.,2003)或由前期预测准确性高的管理者发布(Ng et al.,2006)时,好消息才被认为具有信息含量。这些研究结论都表明坏消息自身具有可信性,而管理者需付出很大的努力才能使好消息具有可信性。

盈利预测的形式与预测期间跨度影响着市场反应,但该观点并未得到一致的证据。巴金斯基等(Baginski et al.,1993)发现相对于其他精确度较低的预测方式而言,点预测具有更高的信息含量,而阿提亚斯等(Atiase et al.,1993)没有发现股价反应与预测形式间存在关系。市场对盈利预测的反应还取决于管理层盈利预测中披露的其他信息,虽然单纯的预测比带有收益披露的预测更具信息含量(Atiase et al.,2005),但与带有原因解释或细节分析的预测相比,单纯的预测含有的信息量较少(Baginski et al.,2004)。同样地,含有可验证的前瞻性信息的盈利预测被认为含有较高的信息量(Hutton et al.,2003)。

2. 信息不对称与资本成本

经济学理论认为自愿性信息披露能够降低信息不对称,而信息不对称的降低能够降低资本成本。科勒和约恩(1997)发现,披露管理层预测的公司在披露之前具有更高的价差,而高价差公司的管理者会自愿披露公司的盈利预测信息,随着这类信息的披露,公司的买卖价差随之降低。这些发现证明了管理层盈利预测信息能有效降低股票市场的信息不对称。而且他们还成功验证了管理层预测信息的资本成本降低效应。另外一些研究也对预测披露与资本成本间的关系提供了证据。比如，弗兰克尔等（Frankel et al.，1995）发现预测披露频率高的管理者更受市场青睐，更有机会接近资本市场，这与盈利预测能够影响企业权益融资间隔期观点一致。

3. 收益管理

管理者对财务报告中收益金额的控制能力使人们对盈利预测者的行为有所担心，害怕他们会为了达到其所披露的预测值而进行收益管理或选择非最优的项目。研究为这种担忧提供了支持，有证据表明管理者会运用可操纵性应计利润来向上调整收益以达到他们先前的预测（Kasznik，1999）。对管理层采取非最优或短期行为的担忧也得到了支持，程梅等（Cheng et al.，2005）发现规律的预测披露者的研发投入明显少于不规律的预测披露者，而且前者长期的收益增长率也明显低于后者。

4. 证券分析师与投资者行为

分析师将根据公司的盈利预测更新其预测，詹宁斯（Jennings，1987）指出分析师的预测修正时间大概是公司预测披露后四周。之后的研究指出，大概60%的分析师在管理层披露盈利预测后5天内修正他们的预测（Cotter et al.，2006），这足以说明管理层盈利预测在资本市场中的重要作用。另外披露盈利预测较多的企业，其拥有的分析师关注度更高（Wang，2007）。

分析师的行为也受到盈利预测特征的影响，例如，实际收益披露之后，盈利预测的准确性与预测形式相互作用，决定着以后期间分析师的盈利估计。希利等（Healy et al.，1999）发现公司盈利预测的增加能够使机构投资者增加。

5. 良好的披露形象

格雷厄姆（Graham et al.，2005）研究中超过90%的被调查者认为，建立准确而透明的信息披露形象是他们进行自愿性披露的主要动机之一。有着相同观点的早期研究还包括希利和巴莱普（Healy and Palepu，2001）、斯金纳（Skinner，1994）与斯托肯（Stocken，2000）。对预测准确性的关注能够得到很好的解释，因为多数研究都表明预测准确性影响着分析师对预测的反应。赫顿和斯托肯（2007）发现在预测准确性上有着良好声誉的公司，其好消息的市场反应强于其他公司。当管理层披露的盈利预测很快将面临验证时，其预测值更加准确，这些披露方式包括新闻发布会及分析师见面会等（Bamber and Cheon，1998）。

研究表明管理者为赢得透明披露形象付出的努力可能会本末倒置。如果把坏消息的提前预警看作是透明的披露行为，卡丝尼克和列弗（Kasznik and Lev，1995）研究结果表明披露透明度高的企业经营状况差于透明度低的企业。而且，对坏消息进行预警的企业比不预警企业的情况变得更糟。

（五）国外研究文献评述

综上所述，可以发现：

第一，国外均是基于自愿披露制度对盈利预测披露进行研究，而我国业绩预告采取的是强制与自愿相结合的披露制度，加上我国经济环境与制度上的特殊性，国外研究结论可能并不适合于我国业绩预告的披露。因此，需要对我国特有国情下的业绩预告进行研究。

第二，国外对盈利预测研究的实证结论丰富，但各研究间相对独立，缺少完整的理论基础与成熟、统一的基本理论指导盈利预测披露实务，以使市场参与各方更加正确地作出决策。

第三，国外在披露预测公司所处环境、自身特征、预测特征以及预测披露的经济后果等方面均有系统论述，但对各部分间存在的关系及相互影响作用并未太多涉及。特别是对于管理层如何进行披露决策以及管理层选择不同的盈利预测特征如何影响市场的反应两个问题少有关注,这便成为本书的切入点。

二 国内研究综述

我国业绩预告制度起步相对较晚,因此国内的相关研究也较多地集中于信息披露制度与监管体系建设、披露现状分析等规范性研究上。早期的实证研究主要针对业绩预告信息含量问题,随着我国资本市场的发展与业绩预告制度的完善,国内实证研究成果逐渐丰富。根据本书主题,本部分主要从业绩预告动机、披露特征选择、市场反应及带来的盈余管理行为等方面评述国内的研究现状。

(一)业绩预告动机及影响因素

业绩预告动机包括代理理论、信号假说、期望调整假说及法律责任假说等。基于代理理论的研究发现管理层自愿披露业绩预告与公司代理成本呈正向关系;信号假说方面的研究发现管理层为提高公司或其个人在市场上的声誉,很愿意将好消息传递给投资者;期望调整假说方面的研究发现,为了调整市场参与者的预期,管理层会自愿披露业绩预告;法律责任假说方面的研究发现,当掩盖坏消息的成本高过其收益时,公司管理层会出于诉讼成本考虑,主动地发布坏消息的业绩预告。

张翼和林小驰(2005)认为管理层会出于改善投资者关系、减小的股价波动和建立更好的公司形象等目的而自愿提供预告信息。他们研究了公司治理对管理层盈利预测行为的影响,发现公司控制人类型、第一大股东持股比例影响着管理层盈利预测行为,而机构投资者、董事会规模与独立董事对盈利预测行为没有显著影响。

(二)业绩预告内容特征研究

在披露时间、消息类型、精确度等业绩预告具体特征的选择上,公司管理层具有较大选择性。管理层如何决定披露的具体特征?其中是否能体现出公司或管理层的某些特征与目的?最近国内逐渐出现回答这些问题的论文。高敬忠和周晓苏（2009）利用我国 A 股上市公司 2004 年第一季度至 2007 年第四季度管理层业绩预告样本数据，检验了业绩预告消息性质对管理层业绩预告披露精确性、及时性以及态度倾向选择的影响。研究发现管理层对消息性质为好消息的业绩预告比对坏消息的预告选择了更为精确的预告方式；而对坏消息的业绩预告态度相对乐观。实证结果说明，管理层在对不同性质消息的业绩预告过程中存在一定程度的披露性选择。

杜晓宇（2009）对高管变更期间公司的业绩预告行为进行研究，结果发现与非高管变更期相比，我国上市公司在高管变更期间更可能披露坏消息；高管未在控股股东单位兼职与高管持股的上市公司更倾向于在高管离职期间披露好消息，而高管在控股股东单位兼职的上市公司更倾向于在高管继任期间披露好消息；此外，所有权与控制权两权分离程度越高、控股股东性质为民营、股权制衡度越低、未设置审计委员会的上市公司越倾向于在高管变更期间尤其是继任期间较大程度地披露好消息。总体说来，我国上市公司高管变更期间业绩预告行为会因变更高管特征以及公司治理水平而出现差异。

杨清溪和高惠松（2007）以 2002 年 2 月 19 日至 2004 年 12 月 31 日台湾证券交易所新上市公司为研究对象，对新上市公司的治理架构是否能降低信息不对称、提升管理当局盈余预测的准确性进行检验。结果发现公司治理机制大致上能抑制管理当局盈余预测误差。另外，董事会规模在十人左右能有效保障管理当局盈余预测的准确性，同时还应避免出现董事长与总经理两职合一的情形。

（三）业绩预告市场反应

戴德明、毛新述和姚淑瑜（2005）选用我国 2001—2002 年上市公司披露的业绩预告（包括单独的预告公告和季度报告中所披露的年度预测盈余信息）为样本，检验了业绩预告的有用性。

总体上看，预亏和预盈公告在披露当日及披露前后均出现了显著的超额回报，说明两类公告均具有信息含量，向市场传递着有用的消息。但市场对两类消息的反应存在一定的不对称性，坏消息引起的市场反应更早；市场对好消息预测的反应能力较差，但好消息能在较长时间内对公司股价产生积极影响。这些结论均说明信息不对称确实存在，而业绩预告的披露对于缓解管理层与投资者间的信息不对称、减少实际业绩披露时的股价波动具有积极作用。

首次对预亏公告信息含量进行实证检验的是薛爽（2001）的研究。他以1998年和1999年预亏公告作为研究样本，得出预亏公告具有显著信息含量的研究结论。由于2001年我国有关预测性信息披露的规定并不成熟①，因此，该文仅研究了预亏公告的信息含量，因而该文章研究内容不够全面，不能用以全面评价我国业绩预告制度变迁的合理性及制度的实施后果。

郭普（2002）通过对2000年与2001年中期预亏或预警公司的定期报告市场反应进行研究，结果发现：①2001年样本公司的中期盈余没有信息含量，2000年样本公司的盈余反应系数和盈余对股价的解释力度均小于对照组公司；②加入预亏、预警样本后，2000年和2001年的盈余反应系数明显下降。研究结论表明，定期报告披露前的中期预亏公告和预警公告已经向市场传递了新的信息。由于该文的主要目的是对我国上市公司中期报告中盈余的信息含量进行评价，因此无法直接定量测定预亏、预警公告的信息披露效应。

蒋义宏等（2003）研究了2001年年度业绩预警公告的市场反应。结果发现：公告类型与公告前后平均累积超额报酬率显著相

---

① 当时监管机构尚未出台有关预盈、预增以及在季度报告中披露预测信息的规定。

关，说明投资者在公告前能够对上市公司会计收益的大幅增减或者亏损作出理性预期，预警公告能显著改善投资者与上市公司之间的信息不对称；虽然公告并未披露会计收益的增减及估计亏损金额，但业绩预警公告仍然是具有信息含量的。但该文没有深入研究影响预测盈余信息有用性的因素，并且文章也仅选用了一年的数据，不能排除系统因素对市场反应的影响。

童驯（2002）以 2001 年 242 家发布年度业绩预告的 A 股公司为样本，研究了预亏、预减、预盈及预增等类型业绩预告发布前后的股价变化。林江辉（2003）运用事件研究法对盈利预告进行研究的结论表明盈余预告都是具有信息含量的。于鹏（2007）采用价格模型验证了我国 IPO 公司预测盈利的价值相关性，并且发现价值相关性因预测盈利的准确性、预测盈利的披露方式、IPO 公司的规模以及股权流动性程度而不同。

大多数相关文献均说明我国业绩预告信息具有信息含量，为这类信息的披露制度与监管措施的完善提供了强有力支持，为后继研究打下基础。

（四）业绩预告披露与盈余管理

我国盈余管理的研究文献相对比较丰富，但鲜有从预测信息角度对盈余管理进行研究的成果。韦沛文和许晓芳（2005）采用扩展的截面琼斯模型，以 2002 年 12 月 31 日两市 A 股上市公司为研究样本，对被认为可能具有盈余管理动机的上市公司的可操纵性应计利润进行了考察，研究结果发现，预警制度中也存在监管政策的"利润驱动"现象，从而降低了预警信息的可靠性，损害了预警制度实施的有效性。

杨德明（2005）采用委托代理模型分析了公司业绩预告与盈余管理间的关系，得出了相反的结论，他认为由于我国特殊的市场环境，管理层披露预测信息有利于减少管理层盈余管理行为。

(五) 国内研究文献评述

总体说来，国外由于资本市场起步较早，发展已经比较成熟，市场中的管理层盈利预测披露行为非常常见，相应的研究成果也比较丰富，已经形成完整的体系。近几年我国的管理层业绩预告文献虽有逐步增加之势，但研究内容还不够全面。比如，已有文献只对管理层业绩预告中个别特征，而非所有特征的影响因素进行研究（周晓苏和高敬忠，2009；高敬忠等，2011）；虽有较多论文已经得出这类信息具有信息含量的研究结论，但投资者怎样依据管理层的业绩预告作出反应，即投资者对什么样的业绩预告反应更强烈的问题并没有论文述及。另外，研究框架所依赖的理论体系还有待建立与完善，并以之指导管理层业绩预告的实证研究。这些研究内容的欠缺都成为本书的切入点。

第三节 研究思路与研究方法

一 研究思路

针对本选题的研究现状，本书研究的主要问题有：第一，管理层业绩预告基本理论包括哪些内容？第二，我国业绩预告具有怎样的制度背景？第三，我国现阶段业绩预告披露现状如何？第四，哪些因素影响了公司披露业绩预告时对披露特征的选择？第五，我国上市公司业绩预告是否具有可信度？不同披露特征的市场反应是否具有差异？第六，市场参与各方应如何优化自己的决策？

本书包括导论、理论分析、实证研究与政策建议四个部分。

（1）导论部分介绍研究背景与意义、文献综述、研究思路、主要内容与框架及研究方法。

（2）理论分析部分首先阐述管理层业绩预告的理论基础，为本书的构思、内容等提供理论源泉；基本理论部分明确管理层业绩预告的目标、预告的内容特征及其动机、原则、经济后果与监管。两个内容间关系如图0—1所示。

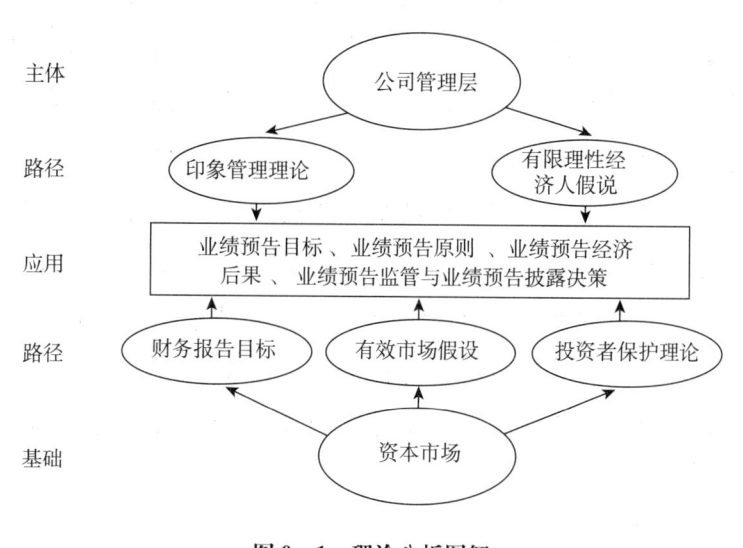

图0—1 理论分析图解

从图0—1可见，资本市场是信息披露的出发点和归宿点，管理层则是信息披露的主体，因此，理论研究应分别以资本市场和公司及公司管理层为基础，回答业绩预告披露中为什么的问题，即从不同角度出发，形成不同的研究路径：从信息披露目标、投资者保护及有效资本市场假设出发，研究上市公司业绩预告的目标、信息含量、有用性及监管等；从有限理性与印象管理理论出发，研究预告内容特征、选择动机、原则等。不同路径并不必然导致截然不同的现实状况，比如业绩预告的动机，则是由两个路径共同作用的结果。理论的应用层面主要回答上市公司信息披露如何进行的问题，即用信息披露理论来解释和预测上市公司信息披露行为。业绩预告披露是一个由信息内容、披露时机、披露形式、信息可信度等组成的多维整体，企业及市场对其中任何一个维度施加影响，都会导致其发生某些变化。因此按此进行理论研究，便于为上市公司业绩预告信息披露行为提供指导。

（3）实证研究部分：一是在梳理美国与我国相关信息披露制度变迁的基础上，分析我国现阶段上市公司管理层业绩预告披露的特点及不足，为后面的实证研究与制度建议打下基础；二是通过建立回归模型，运用数据分析及回归结果主要说明影响管理层业绩预告内容特征选择的因素，即回答公司"怎样进行业绩预告"这一问题；三是通过研究市场对不同特征预告的反应，找出影响管理层业绩预告可信性的因素。

（4）政策建议部分根据理论与实证研究结果，提出完善业绩预告制度与监管的意见，以提高业绩预告披露质量。

在研究思路的指导下，本书将按图0—2所示的框架展开研究。

二 研究方法

本书采用规范与实证相结合的研究方法。基础理论分析部分综合运用了描述、比较等规范分析法；制度变迁则主要运用了比较研究法；第四与第五章运用实证研究方法，针对提出的研究假设，通过收集相关数据进行统计与分析，最后得出研究结论。

本书具体运用的研究方法如下：

（1）规范研究方法。运用规范研究方法明确了业绩预告"是什么"与"应该怎样"的问题，界定了业绩预告的概念与其他相关概念的区别。而且本书以业绩预告目标为起点，对管理层进行披露决策的关键原则进行描述，由此展开对业绩预告披露目标实现过程的逻辑结构研究。通过对美国及我国相关制度变迁过程的梳理，借鉴有利经验，探讨我国在完善资本市场信息披露与监管中应对管理层业绩预告采取的监管措施。

（2）实证研究方法。通过建立一系列假设与检验模型，选择我

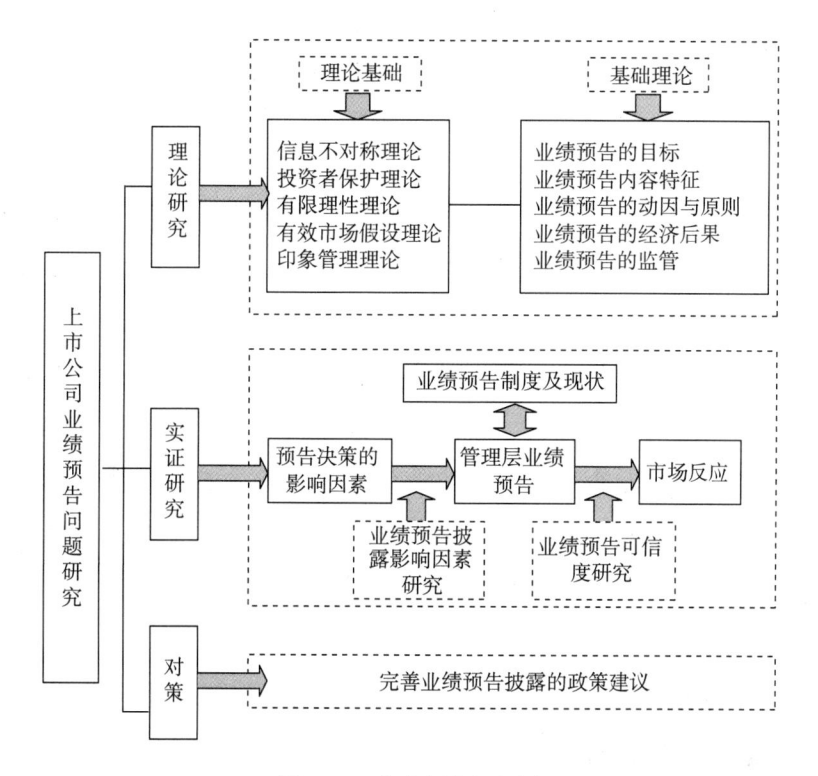

图 0—2 本书研究框架图

国上市公司管理层2007—2013年业绩预告数据为样本，针对"怎样进行盈利业绩预告"及"投资者如何看待管理层的业绩预告"这两个问题进行研究。

（3）事件研究法。第五章选择符合条件的业绩预告作为特定事件，通过研究事件窗内该预告公司的累计异常报酬率，观察市场反应程度与该事件相关因素间的关系，找到市场决策所敏感的因素，为公司内部管理层、投资者、分析师、监管方及其他市场参与各方决策提供依据。

第四节　基本概念界定

相关研究文献中主要存在着盈利预测、业绩快报等与业绩预告相似的概念，为了准确理解业绩预告的概念与内容，必须对这几个概念进行界定。

盈利预测指预测主体在合理的预测假设和预测基准前提下，对未来会计期间的利润总额、净利润、每股收益、市盈率等重要财务事项作出的预计和测算。未来盈余信息是关于未来的特殊事项，具有高度的不确定性，这类事项尽管在时间上不属于现在，与当期财务报告也无直接联系，但与正确评价企业当前财务状况、经营成果与现金流量直接相关。

业绩预告是指上市公司在定期报告或临时公告中对下一报告期利润信息的预告披露。业绩预告有两种表现形式：一是上市公司在定期报告的会计期间结束之前向公众披露的公司预计盈余信息。此时的业绩预告信息具有高度不确定性，只能建立在对未来的预测基础上，属于前瞻性披露，是短期盈利预测的披露。第二类形式的业绩预告是上市公司在报告期结束后、定期报告正式公告前披露的当期盈余的信息。此时公司当期经营成果已为既定事实，但是精确的结果并不知晓，这类预告是对事实的一种估计，已非严格意义上的盈利预测信息，只是由于定期财务报告披露滞后，或者出于对第一种形式预告信息修正的需要，管理层预先向市场释放有关企业定期经营业绩信息。由于在披露这类业绩预告时，公司在预告期间的经营行为已经结束，经营业绩等财务信息已经基本确定，公司此时披露行为面临风险较小，因而不属于高度不确定的经济事项，但由于业绩预告信息无须审计，因此预告也具有一定的不确定性。在这一特征上,业绩预告明显地有别于盈利预测。本书除国外研究综述和涉及引用国外学者研究结论部分外,均使用业绩预告这一说法①。

为了提高信息披露的及时性与公平性,我国制定了业绩快报制度,要求上市公司在会计期间(年度)结束后、定期(年度)报告公告前披露未经注册会计师审计的主要会计数据和经营指标。因此,业绩快报在信息及时性及不确定程度上显著有别于业绩预告。

---

① 也有少数国内研究将业绩预告称为盈利预测,如张翼和林小驰(2005)在研究业绩预告与公司治理结构关系时将盈利预测定义为:上市公司在正式会计报表披露之前向市场公布的财务信息,其实所指为我国上市公司的业绩预告。

第一章

上市公司管理层业绩预告的理论基础

公司的财务报告和信息披露对资本市场的正常运转至关重要,公司除通过受到监管的财务报告披露信息外,一些公司还与市场进行自愿沟通,管理层业绩预告是其中一项重要的披露内容。对任何课题的研究,必须有相应的理论作铺垫和支撑,为研究提供重要的假设基础、研究思路与技巧。

第一节 信息不对称理论与管理层业绩预告

一 信息不对称理论

信息不对称指缔约当事人一方知道而另一方不知道,甚至第三方也无法验证,即使能够验证,也需要花费大量物力、财力和精力,具有不经济性。现代契约理论研究信息不对称,就是研究在信息不对称情况下当事人如何设计契约以及如何规范当事人行为的问题。三位美国经济学家约瑟夫·斯蒂格利茨(Joseph E. Stiglitz)、乔治·阿克尔洛夫(George A. Akerlof)及迈克尔·斯彭斯（Michael Spence）因其20世纪70年代在"使用不对称信息进行市场分析"领域所作出的重要贡献，被授予2001年度诺贝尔经济学奖。他们分别从商品交易、金融和劳动力市场三个不同领域研究了这个课题，阿克尔洛夫的《次品市场》拉开了"信息不对称"在商品市场应用研究的序幕；斯蒂格利茨分析了保险市场及信贷市场的道德风险问题，提出缺乏信息的交易方应当如何获取更多的信息；斯彭斯则在其博士学位论文《劳动市场的信号》中对人才市场的用人单位与应聘者之间信息不对称的根源进行了深入挖掘。

根据信息不对称发生的时间将其分为事前不对称与事后不对称两类。研究事前当事人之间博弈的信息不对称模型叫作逆向选择模型（adverse selection），研究事后不对称的模型叫作道德风险模型（moral hazard）。

（一）逆向选择

逆向选择指代理人利用其信息优势有意选择有利于自身利益而有损于委托人利益的行为，属于事前信息不对称范畴。阿克尔洛夫研究的"旧车市场"（lemon market）是一个典型的逆向选择例子，他认为"旧车市场"上的卖方比买方更清楚汽车的质量，卖方想利用这种信息不对称将一辆破车带到市场，试图从不了解该信息的买方那里获取更高的收益。作为理性经济人，买方会意识到这种可能性，所以会尽可能地低估该车的价值、压低该车价格，这样一来，大量好车的市场价格将会低于其本身应有的价值，从而使卖方不愿意出售好车，产生"劣币驱逐良币"效应，最终损害旧车市场的有效运行。

证券市场也存在与阿克尔洛夫提到的"旧车市场"同样的问题。公司内部人具有天然的信息优势，管理层可能出于维护自身声誉、维持公司股价或其他自利目的，推迟或不披露其所拥有的"坏消息",导致投资者因作出不恰当决策而遭受损失。而投资者事后可能从此低估该证券价值,减少投资,严重时甚至退出该市场,产生典型的"劣币驱逐良币"效应,不利于证券市场发展。由于信息不对称导致某些市场交易出现逆向选择问题,从而给市场交易带来困难。然而,困难的存在并不意味着取消市场交易,而是需要通过价格机制以外的一些辅助方法,克服这些困难。信息传递模型是解决逆向选择问题的一种方法。市场信号概念是经济学家在1974年提出的,用来表示某些市场上卖方向买方发出信息以显示产品或其他对象质量信息,掌握信息的一方由此将信息以令人信赖的方式显示出来。因此,应增加证券市场上的信息供应,减少由信息不对称引起的逆向选择问题。

(二)道德风险

道德风险指代理人工作并不为实现代理人利益最大化,而常通过增加闲暇时间,利用信息优势保住自己的既得利益,是一种事后的信息不对称。道德风险大量存在于保险市场,同时也存在于证券市场。现代企业制度下,管理层工作努力程度和工作效率等的不可观察性和难以监督性,致使股东、债权人等与管理层之间的信息不对称问题更加严重。管理层存在"偷懒""闲暇"的可能,利用手中职权进行大量"在职消费"。管理层往往会选择对自己有利的时机、方式、内容进行信息披露,试图掩盖业绩不良产生的真正原因,将坏的经营业绩归咎于行业不景气或其他不可控因素,而非自己的"偷懒"或"闲暇"。研究事后的信息不对称,主要涉及如何降低激励成本问题,如完善经理人市场、建立信息披露声誉机制、将管理层报酬与业绩挂钩等。

二 业绩预告——缓解信息不对称的重要手段

对于如何降低由两权分离导致的信息不对称问题,已有较多文献对此进行了研究，主要提出如下几种解决思路：一是通过制度安排实现对经理层的激励和约束，如将管理层薪酬与公司业绩及股价挂钩、赋予经理层一定的股票期权、在董事会中设立独立董事、下设诸如薪酬考核委员会及审计委员会等专业委员会，以此提高管理层信息披露质量，降低代理成本。二是通过专业中介机构的分析研究增加公司内部经理层持有私人信息的披露，降低信息不对称。三是通过充分的管理层信息披露，及时向投资者传递有关公司财务状况、经营业绩、现金流量和未来发展情况等信息，降低公司内外的信息不对称程度。可见，证券市场信息不对称的解决方法之一就是充分全面的会计信息披露，增强财务报告的决策有用性。作为解决逆向选择和道德风险问题的重要手段，业绩预告通过增加内部信息披露，向投资者提供决策相关信息，可优化资本资源配置，减少信息不完全性，促进证券市场有效运行。

根据信号传递模型（Spence，1974）与信息甄别模型（Rothxchild and Stiglitz，1976），在信息不对称情况下，质量较好的公司有着优异的经营业绩和良好的公司治理信息，管理层为降低利益相关者的疑虑，更乐于主动发出信号，以传递其并没有降低公司价值的不良支出偏好或偷懒等行为的信息，进而解除代理责任或获得更多的市场资源。业绩预告是公司财务信息的重要组成部分，是公司定期报告的必要补充。未来盈余信息的及时披露，缩短了内部人从信息优势中获利的时间（Scott，1997），减少了内幕信息量，大大降低了投资者与管理层之间的信息不对称，同时也有助于降低投资者交易时获取信息的成本（Healy and Palepu，2001），向市场传递积极的投资信号。另外，业绩预告的披露在让公司经营状况得到及时反馈的同时，也有助于市场及投资者对管理层的行为作出快速反应（如拉升股价或接管等）。相应地，管理层也有积极性及时地披露业绩预告信息，向投资者传递有用信息，为以后各期的管理层激励与监管政策设计等提供有用变量。总之,及时披露与投资者投资决策相关的业绩预告信息是降低上市公司股东与管理层之间信息不对称,减少逆向选择、道德风险行为的重要手段。

第二节 投资者保护理论与管理层业绩预告

一 投资者保护的缘起与投资者保护理论主要流派

（一）投资者保护的缘起

伯利和米恩斯（Berle and Means, 1932）在他们创造性的实证研究中提出了"控制权与所有权分离"的命题,这样的两权分立制度安排成为投资者利益[①]受到侵害的根源。在缺少内部约束机制时,经理人很可能借助职位优势与信息优势侵占投资者的利益,应如何有效保护投资者利益便成为了一个重要课题。在很大程度上,公司治理是外部投资者借以防止权利被内部人剥夺的一套机制,投资者权益保护是公司治理的核心问题之一,而对投资者的有效保护也是公司治理所要实现的基本目标。

保护投资者利益,保持证券市场的透明、公正与效率,减少系统风险是国际证监会组织（International Organization of Securities-Commissions,简称 IOSCO）的三大证券监管目标[②],可见保护投资者权益,树立投资者信心,是培育和发展市场的重要一环,是监管部门的首要任务和宗旨。

[①] 投资者权益中,除了一些天然权益如自主交易权利、财产受保护权利等之外,关键的还是由于在不同当事人之间的利益冲突,需要通过法律法规的形式加以确认的合法权利,主要包括定价权、知情权、决策审议权、选举权和诉讼权等。

[②] 国际证监会组织:《证券监管的目标与原则》,1998年。

（二）投资者保护理论的主要流派

20世纪80、90年代，格罗斯曼（Grossman）、哈特（Hart）等学者强调契约在投资者保护中的作用，并由此提出了投资者保护的契约论。他们认为投资者通过和公司签订契约就可以保护自身合法利益，因此，政府只需要保证契约执行即可。其基本观点：只要契约是完善的，执行契约的司法体系（法庭）是有效的，那么投资者与公司签订契约就可达到保护自己利益的目的，法律并不重要[①]。到了20世纪90年代后期及21世纪初，LLSV（La Porta, R. Lopez-de-Silanes, F. Shleifer, A. Vishny）四位学者突破观念的束缚，指出通过法律对投资者进行保护可能是更有效的手段，法律是决定投资者保护水平差异的最重要因素。他们的研究可以概括为投资者保护理论的法律观。

契约论和法律论从不同角度阐述了投资者保护机制，二者相互补充。对于契约论来说，由于信息的不对称性与不确定性，投资者可能没有足够的信息来采取行动以及制订完备的契约。因此市场中高质量的信息披露是契约论的前提条件。而信息披露规则毫无疑问的是法律论一系列制度安排的有机组成部分。

二　信息披露与投资者保护

鲍尔和布朗（Ball and Brown, 1965）第一次证明了会计信息的有用性，即公司证券的市场价格会对财务报表信息作出反应。公司披露的财务信息是投资者进行投资决策的依据，从投资者保护的法律观来看，财务信息披露也可以弥补法律制度对投资者保护的不足。

LLSV指出财务会计系统和披露规则向投资者提供了投资决策

[①] 契约论也是市场自由主义学派的观点，认为完善的市场机制本身会对管理者形成制约，从而保护投资者。

所必需的信息，投资者保护与财务会计系统的关系会因国家与地区投资者保护程度不同而存在差异[①]。因此，产生了两种不同的思路对投资者保护进行研究。第一种思路关注投资者保护程度高的国家或地区财务会计系统所发挥的作用。这些国家或地区资本市场往往更加发达，公司股权结构更为分散，因此更容易因公司内部人与外部投资者间的信息不对称而产生代理问题。为了减轻市场中的信息不对称，公司管理层很可能提供更加及时、透明、公正的财务会计信息，通过有效的财务会计系统缓解来自市场的压力。第二种思路认为在投资者保护程度较低的国家或地区，财务会计系统可以作为一种替代机制补偿投资者保护较弱带来的负面效应，可以向投资者提供公司的经营信息，为其投资决策提供可证实的信息。陈胜蓝和魏明海（2006）选择我国2001—2004年上市公司数据对这一命题进行检验，他们利用樊纲和王小鲁（2004）编制的中国各地区市场化进程数据构建各地区的投资者保护程度变量，使用会计盈余反映经济利润的非对称及时性来衡量财务会计信息的质量，结果表明来自投资者保护较弱地区的上市公司更愿意提供较高质量的财务会计信息，以补偿投资者保护较弱带来的负面效应，为LLSV的替代效应观点提供了证据。

美国资本市场高度发达，这与完善的信息披露体系及投资者保护制度密不可分。美国证券市场中的公开原则由1933年的证券法确立，并不断在以后的立法与实践中得以完善，美国以此为基础建立起日益完善的信息披露制度体系以保护投资者利益。SEC所倡导的"投资者保护"原则指出，高质量的会计信息披露应提供充分而透明的财务信息，而不应令会计信息的使用者特别是投资者感到困惑或受到误导。因此，投资者保护最有效的方法就是

---

① 陈胜蓝、魏明海：《投资者保护与财务会计信息质量》，《会计研究》2006年第10期。

消除证券市场的信息垄断、封锁，使投资者能公平合理地获悉有关公司的信息。

三　管理层业绩预告对投资者利益的保护

何旭强和朱戎（2005）在对上市公司侵权事件的统计分析中得出，造成投资者直接损失的侵权行为，主要是上市公司信息披露和内幕交易这两方面的问题[①]。因此，公开、公正的信息披露是资本市场建立并得以良好发展的基石。

目前投资者对会计信息的内容需求已趋于多元化、实时性与个性化，企业未来盈利能力也成为投资者最关心的信息。投资者可以通过三种渠道获得未来盈利信息：一是通过历史收益信息的时间序列研究预测企业的未来盈利；二是财务分析师的盈利预测；三是公司管理层披露的业绩预告。相较于前面两种渠道，管理层的业绩预告在具有较高准确性的，同时还能降低投资者的信息成本，减少市场中的信息不对称，保护投资者利益。科勒和约恩（1997）曾研究发现，与没有进行管理层预告披露的公司样本相比，披露管理层预告的公司在管理层预告披露之前有更高的价差；同时价差相对更高公司的经理们会自愿披露管理层预告，管理层预告披露之后，买卖价差随之降低。这表明管理层预告披露在降低股票市场信息不对称方面是有效的。

管理层业绩预告披露为利益相关者平等地享有关于公司未来盈利信息提供了条件，可以有效地防止内幕交易，体现公平原则。如果管理层不及时披露这类前瞻性信息，机构投资者会利用各类资源优先获取这类信息而在交易中牟利，损害其他投资者的利益。因此，管理层披露业绩预告在保护弱势投资者利益方面具

---

① 何旭强、朱戎：《投资者保护与证券市场发展：理论、经验与政策的探讨》，《产业经济研究》2005 年第 5 期。

有重大意义。

第三节 有限理性经济人假说与管理层业绩预告

一 有限理性经济人假说

经济学研究内容与社会经济活动中的行为主体密切相关，它对行为主体的经济学抽象——"经济人"则构成了西方主流经济学的基石。在经济学说史上，亚当·斯密的《国民财富的性质和原因的研究》以经济人假设为最主要的理论前提，指出"我们每天所需要的食物和饮料，不是出自屠户、酿酒家和面包师的恩惠，而是出于他们自利的打算"。斯密在此基础上分析了交换、分工、价值和自由竞争，进而以经济人和"看不见的手"确立了市场经济的自然秩序理念。约翰·穆勒以此为基础总结出"经济人假设"，明确"经济人就是会计算、有创造性、能寻求自身利益最大化的人"[①]，自利、完全理性及公共福利性是其具有的三大特征。

随着现代经济学家们对人的本质及行为特点有了更为深刻、全面而且真实的把握，新经济人不再是完全理性、信息对称、目标唯一的个体，而是有限理性、信息不对称、目标多元化的个体。赫伯特·西蒙（Herbert A. Simon）首先提出了"有限理性经济人"假设——"那类考虑到活动者信息处理能力限度的理论"[②]，对充分完全信息条件下的"个人完全理性"进行了批判和修正。西蒙认为"有限理性"[③] 可

[①] 参见张宇燕《经济发展与制度选择——对制度的经济分析》，中国人民大学出版社1992年版第65、66页。

[②] ［美］赫伯特·西蒙：《现代决策理论的基石》，杨砾等译，北京经济学院出版社1991年版，第46页。

[③] 有限理性（bounded rationality）的概念由赫伯特·西蒙（1945）在其巨著《管理行为》一书中提出。

能产生于人类自身神经、生理、语言等方面的限制，信息的不完全性，或者是人类所处环境的复杂性和不确定性，因此，有限理性是把决策者在认识方面的局限性（包括知识和计算能力的局限性）考虑在内的合理选择。

有限理性经济人的行为特征：①行为目标会随着行为环境、行为主体自身认知、理性能力及价值观念的变化而改变。②实现目标的行为也会随着客观环境与主体认知能力的变化而改变。③在决策中采用满意原则或次优原则。西蒙根据"有限理性"引出"寻求满意的人"假设，认为由于决策者不具备完全理性，决策的结果不是最大化的，只能是满意的。有限理性理论指出了人类选择面临的困境，贡献在于它认识到了人类认知的局限性，说明人类行为是一种有限理性而非完全理性的行为，它构成了现代决策理论的基石。

二　有限理性经济人假说对业绩预告的影响

作为市场中的经济人，企业在进行业绩预告披露决策时必定要遵守成本效益原则，以实现其认定的利益最大化。管理层业绩预告披露的成本除包括预告信息的收集、加工、处理及编制报告过程中发生的费用外，还包括私有信息披露后带来的竞争劣势成本、预告数值与财务报告收益不符时的法律诉讼风险等。披露的收益包括良好的信息披露形象、由此带来的筹资收益及企业价值增长等。当企业预计收益值位于制度规定披露范围边缘时，企业面临着披露业绩预告，或者不披露业绩预告，而后通过盈余管理规避处罚的决策选择；当企业决定披露业绩预告信息后，企业也会面临怎样披露、披露什么样的信息的选择。每次决策前，企业必定要比较各个方案的成本与效益，以实现利益最大化。

由于经济人的有限理性、信息的不完全性及经济环境的不确定性，业绩预告信息的使用者以及监管者应正确认识该类信息的"准确性"。人类的行为总是在其生理、心智、认知能力等限制下作出的、符合满意原则的理性决策。管理层业绩预告所处的是一个动态的环境，决策时必然会涉及其对未来的预期、预期的更新以及预期的精确程度等问题。不确定性是指事先不能准确知道某个事件或某种决策的结果，在经济学中不确定性是指对于未来的收益和损失等经济状况的分布范围和状态不能确知。不确定性无处不在，管理层只能依据其掌握的信息对公司收益状况进行估计，其结果自然会与实际收益存在偏差。由于存在上述的规则性失真与信息不完全，对于业绩预告类信息不能要求十分的精准正确，应允许一定范围内的偏误。投资者对于业绩预告信息的不全面性、不完整性及内容的变动性要有充分的估计和思想准备。心理学研究表明，人们或多或少地存在着过度自信、保守主义、厌恶损失等心理特征，而这些特征又直接影响着管理层的业绩预告行为。过度自信源于人们的乐观主义，过度自信管理层的预告值存在向上偏差的可能性大于保守主义的管理层，同时管理层在解释预告结果时也会带有自利性归因因素。厌恶损失是管理层对待风险的一种心理状态，研究发现人们厌恶损失的程度与他们对不确定性的主观概率估计能力负相关。这些情感因素对管理层的业绩预告披露决策的影响会使管理层的实际披露信息偏离理性框架。这也就意味着公司业绩预告信息的使用者需要具有一定经济学、会计学以及其他相关学科的知识，并有合理分析和判断问题的能力。

第四节　有效市场假设与管理层业绩预告

有效市场假设（Efficient Market Hypothesis，简称 EMH）是现代金融市场运行的基石，它坚持的"会计信息与公司股票价格之间存在着相关性"假设为资本市场中的会计研究开启了大门。该理论出现以后,有关信息披露制度的各种论战,都围绕着它所构筑的构架和所提出的假设命题展开,为信息披露制度与监管的讨论提供了一个理论舞台。

一 有效市场假设理论

在1900年第一次出现对股价预测问题的探讨后,EMH便被广泛运用于金融理论研究中①。但直到1965年,美国著名财务学家尤金·法玛(Fama)才在其经典研究论文"股票市场价格的行为"(The Behavior of Stock Market Price)中第一次正式地提出EMH假设。他认为,资本市场中的交易是"公平的博弈"(Fair Game),公开的信息不能被用来在市场上获利②。1970年,法玛对EMH的含义作出进一步完善:如果有价值的信息能够迅速地、无偏见地在证券价格中得到反映,那么就可以认为证券市场是有效的。根据EMH的观点,如果市场有效,证券价格与投资者如何处理信息不相关。但金融市场运行实践表明,不同的信息对证券价格的影响程度是不同的,因此,根据信息集的三个不同内涵,将资本市场效率划分为三个层次:弱型效率、半强型效率与强型效率。

法玛采纳了这种经典的市场效率与信息集划分方法,三种信息集分别为:证券的历史价格和交易量信息;所有公开可得的信息;所有可知的信息,包括不为投资大众所了解的内幕信息。法玛等人

---

① 法国经济学家与数学家Louis Bachelier(1900)在他的博士论文"投机理论"中首次对股票价格的可预测性问题进行研究,提出了"随机过程"(Stochastic Process)的概念。随后对随机游走模型的研究主要集中于四篇著名的论文:Holbrook Working(1934)、Maurice Kendall(1953)、Osborne(1959)与Sindney Alexander(1961)。他们所设立的随机游走模型为有效市场假设的创建提供了有力的理论和实证支持。

② 与我国历史上"树在道边而多子,此必苦李也"的道理类似。

的研究以这三类信息为基础的股票交易不可能获取超额报酬,将市场分为弱型有效、半强型有效和强型有效。在弱型有效市场中,历史信息不能够带来超额回报,这意味着以历史交易信息为基础的技术分析可能是徒劳的。半强型有效市场指证券的价格反映了当前所有公开信息,投资者不能通过使用任何技术分析这些公开信息来获取超额回报[1]。在这类市场中,证券价格将对新公开的信息作出迅速反应,因而资本市场中如会计数字价值相关性研究、信息披露研究及公司业绩计量等都以此为前提。可以说,资本市场中的会计研究主要建立在半强型有效市场假说基础之上。强型有效市场中的证券价格充分反映了所有公开有用的信息,任何人不能隐瞒任何私人信息,所有投资者拥有的信息完全相同。强型有效是有效证券市场的最高形态,在此类市场中,股票的现行价格已充分地反映了所有有效信息,无论上市公司是否公开会计信息,披露的方式与内容如何,都不会影响股票价格;任何人或交易策略都无法利用任何信息赚取超额回报,任何高明的投资技巧都不会明显优于简单的"买进并长期持有策略"。但强型有效终究是一种理想的资本市场状态,EMH理论的一系列苛刻的假设条件在现实世界中很难完全满足[2]。

我国资本市场自20世纪90年代初形成以来,其市场有效性问题一直备受研究者们的关注。其中研究成果最为丰富与显著的当数厦门大学吴世农教授,他从1994年开始,对中国沪深两个股票市场的有效性进行了大量的理论与实证研究,基本上见证了中国资本

---

[1] 值得指出的是,在一个达到弱式有效的资本市场上,并不意味着投资者不能获取一定的收益,而是就平均而言,任何利用历史信息的投资策略所获取的收益都不可能超过简单的"购买——持有"策略所获取的收益。

[2] EMH理论提出后,人们曾颇为相信"市场"会始终以高效、理智的方式健康地发挥作用,坚信市场不会出错。EMH观点在全球经济长期繁荣的阶段获得了巨大的影响力,然而近年金融市场引发的危机,却大大粉碎了人们对EMH的信心,也使其受到广泛的质疑。

市场从无效到有效的渐进式演进过程①。

二 管理层业绩预告的有效市场理论基础

EMH假说的提出与丰富的相关实证成果为资本市场中会计研究的蓬勃兴起创造了条件。EMH理论主要研究股票价格对不同信息集反应的有效性问题,从资本市场的信息类别来看,会计信息构成了与证券价格相关信息的主体部分,而通过研究会计信息对股价的影响或会计信息的信息含量,说明各类市场参与者应在市场中采取什么样的行为策略成为资本市场重要的课题。因此,可以说有效市场假说构成了资本市场会计研究的基石,为信息披露制度与监管的讨论提供了一个理论舞台,也为这类研究提供了研究思路与方法。

（一）EMH为管理层业绩预告研究提供了理论基础

EMH所持"会计信息与公司股票价格之间存在着相关性"观点为管理层业绩预告是否具有信息含量或股价相关性的研究提供了理论基础。有效资本市场是一个信息市场,股价会对市场上出现的新信息作出反应,因此,从某种意义上讲,是信息推动了股价的变动。但对股价变化起着关键作用的仅为一部分信息,其中包括反映公司盈利状况和质量、财务管理水平以及发展前景的财务会计信息②。如果某一会计金额对股票的市场价格具有解释和预测作用,那么就说它具有价值相关性或信息含量。而对业绩预告价值相关性的研究是会计数字价值相关性研究③所要解决的关键问题。

（二）管理层业绩预告是资本市场会计信息的重要来源

美国注册会计师协会（AICPA）财务报告特别委员会综合报

---

① 吴世农教授的研究发现,1997年可以视为中国股票市场开始真正走向有效的转折点。而张兵和李晓明（2003）发现中国股票市场从1997年开始呈现弱型有效,与吴世农的研究结论不谋而合。

② 占卫华：《资本市场中的会计研究》,中国金融出版社2007年版,第179页。

③ 对会计数字价值相关性的研究始于Ball and Brown（1968）、Beaver（1968）,之后,此类研究呈现风起云涌之势。

告——《论改进企业报告》中曾指出：信息使用者的目标是预测企业财务的未来情况，有关未来的信息包括各种预测信息或有助于预测的信息。而相关调查研究也表明，信息使用者对预测类信息的需求正在逐渐增强，吴联生（2000）和李文虹（2006）的问卷调查也得出一致的结论。收益预测是资本市场的重要功能之一，关于盈利预测的信息主要来自基于历史信息的时间序列分析、证券分析师预测及管理层。

相对于前两个信息来源，管理层具有明显的优势。首先，运用时间序列技术预测盈利，由于专业性太强对于大部分投资者来说并不现实，也不符合成本效益原则，将造成整个社会资源的浪费；另外对于时间序列收益预测与分析师预测谁更准确的问题，虽然近年来得到了一些相互冲突的证据，但承认证券分析师预测是一个比时间序列预测更好的市场预测的表征变量已基本成为业界共识。其次，证券分析师收益预测在西方成熟资本市场是投资者信赖的预测信息来源，但我国证券分析师行业整体声誉不太好，还不能承担起这一重任；另外，市场还发现基于个人激励与认知偏差的原因，证券分析师的收入预测会出现乐观性偏差。最后，管理层出于降低资金成本、建立良好的披露声誉考虑，会自愿地披露未来盈余信息；同时凭借天然的信息优势，管理层业绩预告在准确性上可能会优于前两种来源。因此，管理层业绩预告影响着资本市场的信息环境，是影响证券价格运行的重要因素。

（三）管理层业绩预告是提高资本市场有效性的关键

李察·R. 西（Richard R. West, 1975）把资本市场效率形态划分为内在效率（Internal Efficiency）与外在效率（External Efficiency），前者指市场可以在最短的时间里以最低的交易成本为交易者完成交易，反映资本市场组织与服务功能；后者指证券价格反映了所有相关信息，任何人不可能利用已有信息获得超额收益，是资本市场调节与分配效率的体现。外在效率是资本市场研究的重点。资本市场的外在效率有两个重要衡量标准：一是证券价格能自由地随着有关信息变动；二是证券的相关信息披露充分、分布均匀，每个投资者能在同一时间得到等量等质的信息。从这两个标准也可看出信息在 EMH 中的重要作用。要想提高证券市场的有效性，关键在于解决信息生成、发布、传递、收集、解析与反馈等环节所出现的问题。管理层业绩预告作为资本市场最重要的信息之一，它的披露一方面对于正面临着行为金融模型质疑的有效市场理论来说具有强大的支持作用，另一方面对提高资本市场的有效性意义重大。

其一，有效市场的核心在于"价格能够反映所有的信息"，证券的价格应当反映包括历史信息在内的所有公开信息。由于会计要素确认的限制，报表中仅反映了企业的历史信息，如果缺乏关于证券未来盈利的信息，市场的有效性则无从谈起。管理层业绩预告作为资本市场重要信息之一，可以使证券市场上的信息更加充分与全面，为证券市场的有效性打下基础。其二，管理层自愿披露业绩预告，可避免某些投资者为了取得可在市场上获取超额收益的未公开信息，付出大量的信息搜寻成本。而这样的搜寻成本对于个别投资者来说可能会低于其获得的收益，且对于社会总体而言，是一种资源浪费与效率损失。通过管理层披露的业绩预告可以使投资者更加正确地估计证券的市场价格，使市场价格更有效地反映证券的价值，提高市场的有效性。其三，管理层业绩预告的公开披露，避免了有用信息的选择性指导，减少了内幕信息与内幕交易的可能性，保护中小投资者的利益，降低市场交易成本，为资本市场的有效运行提供必要的保障。

（四）EMH 为管理层业绩预告监管提供依据

会计管制与有效市场理论存在着密切的关切，如何调和两权分离条件下会计信息的可靠性与相关性成为有效市场建设面临的难题。面对这个基本问题，一种观点认为应该让市场力量来决定公司提供信息的质与量，该观点以市场力量可以充分控制逆向选择和道德风险问题从而保护投资者并使证券市场更好地运行为基础；另一种观点则认为应采用会计管制来实现这一目的，该观点认为信息是一种复杂、重要的商品，单靠市场力量不能完全控制逆向选择和道德风险问题。后一种观点认为应以市场力量所不能做到的方式来对会计信息产权进行界定和分配，这便直接导致了市场监管及披露规则的产生。会计信息管制应综合考虑信息使用者的信息需求、信息提供者利益及信息提供者经济与技术上的可行性等各方面因素，制定出合理的会计信息产权分配规则。随着会计目标由受托责任观转向决策有用观，投资者对企业盈利能力关注的重点也由已实现的盈利转向了未来盈利能力。此时，以预测性盈利信息为典型代表的决策有用性会计信息越来越为人们所重视，投资者需求推动着会计信息产权的界定向预测性盈利信息扩张，促使会计信息管制的边界向预测性盈利信息扩张。

第五节 印象管理理论与管理层业绩预告

一 印象管理理论

印象管理（impression management）属于心理学范畴，其最早的研究可以追溯到1959年美国著名社会学家戈夫曼（Goffman）的《日常生活的自我展示》，他在该书中提出"印象管理就像戏剧"，互动中一方的兴趣在于控制别人的行为，通过改变对方对自己行为的理解，作出符合自己计划中的行为反应。随后琼斯（Jones）及同事则将"自我展示"发展为"印象管理"，即控制他人对自己个人特征的印象。这一思想引起了心理学家对印象管理的兴趣，改变了印象管理一直属于社会学范畴的地位。所谓印象管理，是指人们用来控制他人对自己形成印象的过程，是一种人际关系的理论。人们留给他人的印象表明了他人对自己的知觉、评价，甚至会使他人形成对自己特定的应对方式。所以，为了给别人留下好的印象，得到别人好的评价与对待，人们会用一种给他人造成特定印象的方式产生行为。

利瑞和科瓦尔斯基（Leary and Kowalski，1990）通过构建两成分模型对印象管理文献进行评述，该模型提供了对有关印象管理行为的综合理解，并且为印象管理的后续研究提供了理论框架。第一阶段为形象动机（impression motivation），反映个体控制他人对自己形成知觉和印象的愿望，如果通过印象管理行为可以改变他人对自己的认知，进而实现既定目标，那么人们就会积极地进行印象管理，即产生所谓的印象动机。决定形象动机的因素由强到弱分别为理想目标的价值、行为的公开性、资源的稀缺性及信息的不对称性。第二阶段为形象构建（impression construction），指人们改变自己的行为以影响他人对自己的印象，是产生具体印象的策略。形象的构建有主动和被动之分，其目的是在他人的心目中构建一种自己理想的形象，也有可能是在他人心目中构建一种有别于不理想形象的形象。主动印象管理也被称为获得性印象管理，是行为人主动以各种可能方式使人认为自己在某些方面具有比竞争对手略胜一筹的优点或能力。自我宣扬（self-promotion）是主动印象管理常用技巧之一。而行为方以承认错误或通过找借口、强辩、道歉、否认和互相指责来规避责任或维护某种形象的过程，称为被动印象管理[1]。自我定义为试图建立某种形象提供了合理性。同时印象管理也会受到道德因素的限制，当人们宣传与他们自身不符的形象时会有所

---

[1] 王雄元、王永：《上市公司信息披露策略的理论基础》，《审计与经济研究》2006年第2期。

犹豫。

印象管理在人际交往中可以起到显著的作用，虽然这种作用的结果是不确定的。成功的印象管理有助于目标的实现，而不成功的印象管理行为则会导致失败。印象管理已被广泛运用到社会学、管理学、组织行为学及其他相关领域的研究中，其中也包括信息披露领域的研究。

二　印象管理在公司报告中的运用

上市公司运用印象管理手段，对其所披露的信息进行"包装"和操纵，试图控制信息使用者并影响其判断和决策，使广大信息接受者形成特定印象[①]。比蒂和琼斯（Beattie and Jones, 2000）将公司年报中的印象管理文献分为会计数字管理和表述管理两部分。我国会计学界对会计数字管理的研究主要集中在盈余管理等方面，已经取得了丰硕的成果。

社会个人的印象管理理论延伸到企业会计报告中时，首先需要对是否存在归因自利性倾向进行研究。社会个人倾向于将好的业绩归因于自身，而将不佳业绩归因于外部因素，这种"自利性归因"倾向已被大量社会心理学研究所证明。会计领域的印象管理研究普遍采用内容分析方法，对公司年度报告中董事会致辞、管理层讨论与分析、盈余预测等部分内容中是否存在自利性归因行为进行检验。研究发现，公司在对其经营业绩和财务状况进行评价时，管理层往往将良好的业绩归于自身能够掌控的产品结构调整、成本管理、战略计划等内部因素，将不良业绩归于不能控制的市场竞争、宏观调控、税收政策改变等外部因素，存在明显的自利性倾向（Bettman and Weitz, 1983; Ingram and Frazier, 1983; Staw et al.,

---

① 孙蔓莉：《论上市公司信息披露中的印象管理》，《会计研究》2004 年第 2 期。

1983)。另外，从报告的可读性来看，已有研究文献发现披露利好信息时使用的语言，比披露坏消息时使用的语言易于理解，这也为报告中存在的印象管理提供了支持证据。

市场中普遍存在的信息不对称为印象管理行为提供了可乘之机。特别是当管理层的自利行为难以被市场发现时，管理层可能为使目标读者对公司产生良好的印象，在信息披露时采取印象管理手段以获取个人或整体的经济、政治利益。公司报告中引入印象管理，为资本市场的会计研究提供了一个新的视角。

三　印象管理理论在管理层业绩预告中的运用

（一）管理层业绩预告是构建企业形象的工具

业绩预告信息在某种程度上具有不可证实性，这为管理层披露形象构建提供了可乘之机，自利性归因是最常用的策略。业绩预告中盈余数值变化的理由陈述是自愿性披露项目，即使管理层选择披露这一内容，大多都会避重就轻，同时推卸责任。蒋亚朋（2008）发现公司业绩预告中存在明显的自利性归因倾向，即管理层在解释预期盈余变化原因时更多地将盈余增长归为管理层自身行动等内部原因，将盈余下降归为经济波动、政策变化等外部原因。徐程兴（2002）研究样本中87.4%的公司披露业绩变化理由，从原因的陈述来看同样存在上述自利性归因行为。

管理层披露业绩预告可以帮助建立透明的信息披露声誉（Graham et al., 2005；Hutton and Stocken, 2009）。管理层通过有意的业绩预告披露频率安排，可以建立连续的、一致的信息披露形象。公司的披露政策可以偏向于自愿地向市场披露较多的信息，照此推理，进行业绩预告的公司很有可能采取这样的披露政策，比起不进行预告的公司来说，它们愿意更加频繁地披露业绩预告信息。因此，过去频繁地披露业绩预告的公司，为保持公司的披露形象，在将来进行管理层预告的可能性较大。管理层积极的业绩预告披露行为也会让投资者认为，管理层对公司的经营具有很好的控制力、管理层完全掌握了公司内部及未来经营有关的信息，并有信心实现预告中的收益值及未来现金流量，在市场上形成一种有序的经营形象。

（二）印象管理对公司管理层业绩预告质量的影响

首先，作为一个独立的经济利益主体，企业的管理层披露业绩预告也应该在收益大于成本的前提条件下进行，根据自身的实际情况，提供满足信息使用者需要的信息。从收益角度来看，管理层披露业绩预告特别是准确度高的业绩预告，可以为公司塑造负责、诚信、管理层对公司有较好掌控力的形象，博得投资者及其他市场参与者的好感和青睐，在融资、贷款、项目竞争及提升股价等各方面均能获得良好的市场效应，管理层也将在其中获利。所以，印象管理是管理层披露业绩预告激励之一。但如果印象管理运用不当，会产生相反的效果。施文克（Schwenk，1990）通过两个实验验证了自利性归因对年报读者的影响，发现那些读过自利性归因年报的实验对象普遍对管理层的信息印象较差，承诺提供给企业的资源较少。

其次，在信息不对称条件下，缺乏道德与监管的印象管理使管理层披露不实的业绩预告，从而失去信息的可靠性。信息不对称还会使管理层出于提升公司市场价值或避免出现"劣币驱逐良币"的市场效应而倾向于增加自愿性信息的披露。特别是对于不确定性较强的业绩预告来说，由于其真实性难以被公司外部人所察觉，管理层在披露业绩预告时则更有可能利用其信息优势，在信息披露过程中使用一定的印象管理手段，出于私利过分美化公司形象，达到影响股价或为自己的责任开脱的目的，从而降低业绩预告信息的可靠性。

最后，管理层的业绩预告在多数情况下有赖于管理层自愿进行披露，而此类披露中的印象管理会使信息的相关性难以得到保证。王惠芳（2008）在对 2007 年深市上市公司业绩预告执行情况进行调研时，发现四种类型（预亏、扭亏、预增和预减）中，预增信息披露情况最好，而预减信息披露情况最差。符合规定被强制要求披露业绩预告的公司尚且会因为印象管理而进行选择性披露，在自愿性的业绩预告披露中，管理层更是会选择对维护公司和管理层自身利益的信息内容、时间及方式进行披露，而并不考虑投资者决策对相关性信息的需要。

第二章

上市公司管理层业绩预告基本理论研究

管理层业绩预告是上市公司信息披露的重要内容，对管理层业绩预告的研究应首先明确其目标、动机、业绩预告内容特征、特征选择中应遵循的原则以及业绩预告的监管等内容，这些内容构成了管理层业绩预告的基本理论。

第一节 管理层业绩预告与财务报告目标

目标是想要达到的境界，是个人、组织及行为所期望的成果。管理层业绩预告是企业会计信息披露体系中的一个部分，因此，在确定管理层业绩预告披露目标之前有必要先研究会计信息披露的目标。确定目标是所有研究的出发点，管理层业绩预告的目标与业绩预告信息质量、披露内容、披露方式等联系紧密，是整个业绩预告披露理论体系的最高层次，对业绩预告披露系统的运行起着导向作用。

一　财务报告目标

（一）财务报告目标的发展与演变

所有者与经营者间的委托代理关系源于社会资源所有权与经营权的分立，这也为受托责任的产生提供了基础。"受托责任观"认为，财务报告的目标是向资源所有者报告受托者的受托经管责任及其履行情况，以利于委托人对此进行评价，并进而决策是否继续维持委托——受托关系，因此该观点以提供历史的、客观的会计信息为主，强调会计信息的客观性和可验证性。会计信息着眼于过去，以历史成本计量为基础，以利润表为中心报表，强调收益的计量与利润指标，着重评价经营者的经营业绩。在受托责任观下，会计的确认与计量强调配比与谨慎，持"收入费用观"，重视收入和费用的确认。

随着资本市场的产生与发展，委托代理关系逐渐模糊、变得不固定，会计的目标也随着这种新的产权关系而发生了变化。会计信息使用者由资源的委托方扩展为投资者[①]，受托责任观下的委托——代理关系决策也随之变为投资者的投资决策。资本市场的发展使会计信息不仅要包括受托责任信息，还包括企业创造未来现金流量的信息，以帮助信息使用者合理预测未来，作出正确的投资与信贷决策，面向未来的企业未来现金流量金额、时间分布及不确定性的信息成为会计信息报告的重点。此时的会计信息中心已由利润表向资产负债表转移，形成"资产负债观"，强调对资产和负债现时价值的反映，公允价值计量属性得到广泛运用。"决策有用观"认为，经营业绩的信息已不能满足投资者的会计信息需求，财务报告应向外部信息使用者提供有助于经济决策的数量化信息，要求会

[①] 投资者主要包括股权投资者和债权投资者。FASB SFAC No.1 认为满足了投资者的会计信息需求也就满足了其他信息使用者的信息需求。

计应更多地反映企业未来的发展趋势。

两种观点虽同处于两权分离的经济背景之下，但传统"受托责任观"所依赖的经济环境主要是两权分离的初步状态，而"决策有用观"主要体现发达资本市场中高度流动的产权环境，这种两权分离是彻底的两权分离[①]，因此可见"决策有用观"是传统"受托责任观"的继承和发展。该观点得到美国财务会计准则委员会（Financial Accounting Standards Board，简称 FASB）的认可，并将其吸收入财务会计概念框架第一辑，后为西方许多国家研究会计目标时所效仿。至此，在会计理论界，会计目标已从传统"受托责任观"发展到"决策有用观"。

（二）FASB 与 IASB 联合概念框架对财务报告目标的选择

财务报告目标是从财务信息利益角度研究财务报表应该为谁提供服务，它不只是研究信息的需求者，更重要的是研究所披露的财务信息应该偏向于谁，即为谁提供其所需要的相关信息。从这一点出发，会计信息披露存在着"决策有用观"与"受托责任观"两种目标。

1971 年 AICPA 成立了会计目标研究组（Trueblood 委员会），对会计信息使用者及其需求进行了经典的研究[②]。其后，FASB 于 1978 年发布《财务会计概念公告第 1 号——企业财务报告的目标》（*Framework for the Preparation and Presentation of Financial Statement*），把会计目标明确为整个财务会计概念框架的逻辑起点。其中指出财务报告应该：①提供对现在和潜在的投资者、债权人以及

[①] 两权分离的初步状态是资源所有权与经营权的分离，资源所有者保留大部分对资源的处置权，因而会计主要反映能为经营者所控制的经营成果，无须反映企业资产价值的变动，这与经营者的努力无关。彻底的两权分离是资源所有权与营运权的分离，经营者的权力有所扩大，拥有对资源的处置权，因而投资者需要会计反映企业资产价值的变动。

[②] Trueblood 委员会于 1973 发布了一份题为《财务报告的目标》（*Objectives of Financial Statements*）的报告（Trueblood Report），第一次全面系统地论述了基于美国市场经济环境下的财务报告目标。该报告最终构成了美国会计目标定位的基础，并对整个世界会计产生了巨大影响。

其他使用者作出合理的投资、信贷及类似决策有用的信息;②提供有助于现在和潜在的投资者、债权人以及其他使用者估计企业各类现金净流量的金额、时间和不确定性,并以此估计自己的现金流入信息;③提供关于企业经济资源、对资源的要求权以及影响资源和对资源要求权的交易、事项和情况的信息[①]。FASB认为能够满足投资者和债权人的会计信息,也能满足其他信息使用者的需求。因此把目标定位为信息使用者收到的会计信息应该能够帮助他们作出决策,即会计信息应该具备决策有用性。

国际会计准则委员会(International Accounting Standards committee,简称IASC)[②]在1989年《财务报表的编报框架》(Framework for the Preparation and Presentation of Financial Statements, IASB Framework)中指出,财务报表的目标是提供关于企业财务状况、经营业绩和现金流量变动方面的信息,这种信息对于广大使用者制订经济决策是有用的。IASC在描述决策有用性会计目标时,也考虑到传统的经管受托责任目标,指出:"财务报表还应反映托付给企业管理层的资源的经管责任和受托责任。"

FASB与IASB联合概念框架将财务报告的目标定位为决策有用性,同时也注重对管理当局履行受托责任的信息和资源配置信息的披露,认为反映受托责任的信息和评估企业未来现金流的信息对于资源提供者来说同等重要。用于评价管理层受托责任履行情况的信息本身就属于资源配置决策所需要的信息。因此联合概念框架认为"决策有用观"包括"受托责任观"。趋同后的概念框架显然受美国的影响,继承了"决策有用观",将财务报告目标集中于外部使用者取得共同信息要求的通用财务报告上,财务报告应该提供能够

---

① FASB, Statement of Financial Accounting Concepts No. 1: Objectives of Financial Reporting by Business Enterprises, P5.

② IASC在2000年进行全面重组并于2001年年初改为国际会计准则理事会(International Accounting Standards Board,简称IASB)。

使资本提供者评估主体获得净现金流的能力和管理层对资本提供者投资的保值增值能力的信息。

(三) 我国财务报告目标的定位

会计目标并不是一成不变，其定位会随着会计环境的变化而作出调整。会计环境各因素中，政治、法律和文化基本上可以解释一个国家是否存在会计目标以及会计目标是否能发挥实质性的作用；经济与教育因素是影响会计目标定位的因素，其中经济因素的影响是决定性的，因此，定位我国会计目标的关键就要考察我国经济环境的特征。

由于我国会计实务长期以来一直受国家直接管制，包括会计目标在内的会计理论研究严重滞后，直到1997年我国才开始构建自己的概念框架体系，将会计目标作为概念框架的逻辑起点。我国会计界也曾就会计目标的这两种观点进行了旷日持久的交锋，争论持续了很长时间。现阶段我国客观环境离"决策有用观"理想的运行环境还有一定距离，比如国有经济仍占主导、现代企业制度尚不够完善及资本市场不够发达等特点，因此，我国会计目标定位应兼顾各信息需求群体的需要，将"决策有用观"与"受托责任观"有机统一，满足信息使用者的决策需要与反映企业管理层受托责任履行情况需要[①]。

二 管理层业绩预告有助于实现财务报告目标

(一) 管理层业绩预告有助于评价受托责任实现情况

所有者与经营者分离后，所有者为了控制经营者，要求经营者提供财务报表，反映企业的财务状况，即资产管理方需要向资产所

---

① 我国《企业会计准则——基本准则 (2006)》将财务报告的目标表述为："向财务会计报告使用者提供与企业财务状况、经营成果和现金流量等有关的会计信息，反映企业管理层受托责任履行情况，有助于财务会计报告使用者作出经济决策。"

有者报告受托资源的保值、增值或损失情况，也就是运用财务报表报告资源的管理情况和成果。当所有者无法取得预测财务信息时，他们对管理当局受托责任履行情况的评价只能通过将管理层业绩与过去情况或行业其他企业相比较来进行，但这种方法没有考虑到企业未来的经营前景，不能反映管理层所掌握的"内部信息"，因此缺乏全面性、完善性与科学性。如果管理层有规律地披露企业业绩预告，使所有者利用所获得的关于企业未来盈利的预测，对企业过去、现在与未来有较全面与深刻的认识，才能更好地评价管理层履行受托责任的效果。

（二）管理层业绩预告有助于提高信息决策有用性

作为美国 SEC 委员之一的史蒂文·M. 沃尔曼（Steven M. H. Wallman）曾将会计人员比作是资本市场的"守门员"，并高度评价了财务会计、财务报表和会计人员的作用，但同时也指出财务会计现在的作用正在迅速下降。很多有用的信息目前并不能从财务会计和财务报告中找到，他认为财务会计正处于十字路口，需要进行彻底的改进。综合各方观点，财务报告有待改进的方面主要包括：第一，现行财务报告模式中苛刻的确认要求与单一的货币计量限制致使能反映企业未来前景、对使用者非常有用的信息被排除在财务报表甚至财务报告之外，这就要求企业在财务报告之外披露更多的、面向未来经营发展的关键性信息。第二，以成本而非价值为主的混合计量模式，不能满足信息使用者（特别是投资者）对企业价值创造与变化信息的要求，即现行财务会计与财务报告无法直接计量和表现企业的价值，它们只能用盈利和现金流量两个会计信息间接地作为替代变量。上市公司管理层披露的公司业绩预告信息是对公司未来盈利可能值的最合理估计，可以弥补现行财务报告体系中的上述缺陷，减少信息不对称，使投资者能及时了解公司未来的经营与盈利状况，对公司价值与投资前景作出更加合理的评价，引导资源合理分配。

三 管理层业绩预告披露的目标

AICPA 在 Trueblood 委员会工作大纲中提出，要从会计信息使用者及其信息需求出发研究会计目标并把研究推向深入。以此为基础，本节也将围绕"谁是业绩预告信息的使用者？""他们需要的预测信息在多大程度上能够由管理层业绩预告提供？""他们需要什么样的业绩预告信息？""管理层能够提供哪些业绩预测的信息？"这几个问题展开，构成研究目标问题的一个框架，为后续研究指明努力的方向。

（一）业绩预告信息的需求主体与供给主体

1. 业绩预告信息增加的原因分析

财务会计或财务报告产生的初衷是提供历史性的财务信息，供使用者作出经济决策。随着经济的发展，投资者对企业财务信息的关注逐渐由历史性信息转向面向未来的预测性信息。英国特许公认会计师公会（The Association of Chartered Certified Accountants，简称 ACCA）和德勤在最新全球性调查报告中披露，来自中国的调查对象中，69%的人认为股东对远景规划的关注有所提升；另外，65%的调查对象认为，侧重于前瞻性信息将增加陈述式报告披露的实用性[1]。

分析导致业绩预告信息需求增加的原因，主要有以下几方面：第一，证券市场的发展。以前资源所有者与管理者之间直接而明确的代理关系逐渐模糊，取而代之的是数量众多且分散的投资者和掌握公司实际控制权的经理层。股权分散的直接后果是投资者难以对

---

[1] A Report from ACCA in Partnership with Deloitte: Hitting the Notes, but What's the Tune? An Internaional Survey of CFOs' Views on Narrative Reporting, September 27, 2010, (http://www.iasplus.com/en/news/2010/September/news6311? set_ language = en)

报告信息的形成进行监督，也无法依据历史业绩解聘经理人，而必须以企业是否具有良好的盈利前景作为是否投资的依据。因此，投资者进行经济决策时更加强调会计信息的相关性，逐渐产生了对未来导向信息的需求。第二，随着经济的发展，证券市场已日益成为企业主要的筹资场所。在公司规模与业务迅速扩张的过程中，为了降低筹资成本，企业经理人往往利用天然的信息优势，在自愿性信息方面进行选择性披露，以建立良好的信息形象，降低信息不对称引起的机会主义。管理层披露的业绩预告是投资者在对企业价值进行估计时依据的重要信息。第三，证券市场的发展使"受托责任观"与"决策有用观"两大学派的争论以"决策有用观"的胜利暂时告一段落，"决策有用观"使监管部门更加关注信息使用者的需求，要求企业披露的信息应满足投资者投资需要，这无疑成为管理层披露业绩预告的又一推动力。

2. 业绩预告信息的需求主体

需求是供给的动力，需求主体素质及需求水平的提高有利于促使会计信息供给者提高会计信息质量。我国目前会计信息的主要需求主体包括投资者（包括潜在投资者）、证券分析师、政府、债权人、业务伙伴、会计师事务所等。业绩预告信息需求主体又以投资者和证券分析师为主。

投资者将资金投入市场，最主要的目的是通过合理的投资决策取得相应的回报，而企业是否具有良好的盈利前景是其是否投资的主要依据。因此，投资者经济决策时更加强调会计信息的相关性，逐渐产生了对未来导向信息的需求。投资者利用管理层预告值以估计现金流量和持续经营的不确定性（Dobler，2004）。投资者可分为素质较高、专业性较强的法人投资者与会计知识贫乏的个人中小投资者两种类型。朱开悉（2003）对机构投资者与个人投资者进行调查，结果表明，95%以上的机构投资者和个人投资者均认为未来信息有用，且对未来信息需求的强度大于现行历史成本信息需求的强度。机构投资者以其高素质、高投资额占投资者主体，这类投资者相比其他类型的投资者而言，更需要信息的披露。有研究表明，机构投资者更偏向购买那些持续披露信息的公司的股票。但随着我国经济发展和证券市场的日益完善，个人中小投资者逐渐成为流通股的主要购买者，其力量不断壮大。由于中小投资者对上市公司业绩预测能力普遍较弱，因此特别需要上市公司披露业绩预告以作为决策参考。赵立新和黄燕铭（2013）对投资者需求进行调查，发现76%的中小投资者希望上市公司披露数量化的未来业绩目标。然而长期以来，个体中小投资者的要求未被市场充分重视，企业在披露会计信息时并没有充分考虑他们的利益，使他们在与企业及其他会计信息使用者之间的博弈中处于不利地位，这不利于会计信息的公平、公正披露，也使会计信息的相关性受到严重损害。

市场分析师是资本市场中重要的参与者与介质，他们从分散的、公开的或私人的渠道收集信息，通过市场调研以及分析企业财务报表提供的盈利预测信息，评价他们所关注公司的表现，提供关于公司未来盈利走向的预测信息，建议投资者买进、卖出或持有股票。在公司内部信息方面，管理层拥有绝对的优势，其披露的业绩预告是市场分析师最重要的信息来源渠道。有大量研究证实管理层业绩预告对市场分析师预测存在影响，如王玉涛和王彦超（2012）研究发现，相对于定性的业绩预告，定量预告对分析师预测影响更大，具体表现为对定量预告公司跟踪的分析师数量较多，预测质量较高；而且业绩预告的精度越高，分析师预测数量较多，预测质量较高。哈塞尔和詹宁斯（1986）、休斯敦等（2010）也为期望调整提供证据，经他们检验得出，管理层的盈利预测可以帮助调整分析师的预测值，以减小分析师的预测失误及分散程度。科特等（Cotter et al., 2006）还认为管理层的盈利预测可将分析师的预测值引向公司可以实现的收益值。

3. 业绩预告信息的供给主体

研究人员或投资者通常可以获得三种类型的盈利预测：利用一元时间序列模型获取的盈利预测、证券分析师的盈利预测和公司管理层的业绩预告。

一元时间序列模型将过去盈余作为变量预测未来盈余。但与分析师盈利预测相比，一元时间序列模型预测在充分利用重要事件信息及反应灵活性上存在明显不足。布朗等（1987）提出，相对于一元模型，分析师具有时机及信息优势，分析师能充分利用上一季度结束日和自己的预测公布日之间的信息。柯林斯和霍普伍德（Collins and Hopwood，1980）发现相对于分析师预测而言，即使是最好的一元模型也存在错误指标大，异常值在数量和程度上都更大，而且不能对诸如罢工、盈余的突然波动等重要经济事件及时作出反应的问题。

国外的证券分析师预测供给市场已非常成熟，进行盈利预测是证券分析师的主要工作之一，投资者可以公开取得分析师预测信息，该类信息已成为需求方获取盈利预测信息的主要途径；同时由于相关法律较为完善，对中小投资者利益的保护机制健全，分析师盈利预测的可依赖程度较高。在我国，随着投资者对未来信息需求增大，分析师通过发布盈余预测满足投资者信息需要，其价值也得到普遍认可，吴东辉和薛祖云（2005）实证表明，我国证券分析师的年度盈利预测比随机游走模型年度盈利预测准确；徐跃（2007）发现我国证券分析师能够将其拥有的信息优势转化准确性优势，使其盈利预测相比于一元时间序列模型预测在接近年报公布日更准确。但我国证券市场起步较晚，发展仍不成熟，证券分析师预测的供给市场尚未真正建立起来，公开地获取证券分析师预测信息还存在困难，并且成本高。需求者对盈利预测的需求大多只能依赖于公司管理层的盈利预测信息。

上市公司管理层和证券分析师在盈利预测信息的提供上既是相互竞争，又是相互补充的。由于管理层所具有的天然的信息优势，他们披露的预测性信息受到了信息使用者更广泛的关注与重视。鲁兰（Ruland，1978）发现，管理者的预测一般比分析师的预测更准确，但两者之间的差异在统计上并不显著。布朗和格里芬（Brown and Griffin，1983）得出同样的结论：管理者的预测优于职业分析师。阿姆斯壮（Armstrong，1983）对此的解释是管理者的优势源于其能控制业绩、影响报告的盈余以及拥有更多内部的最新信息。另外，管理层业绩预告作为一项重要的公开信息源，对分析师预测具有重要作用。王玉涛和王彦超（2012）研究发现，相对于定性的业绩预告，定量预告对分析师预测影响更大，具体表现为对定量预告公司跟踪的分析师数量较多，预测质量较高；而且业绩预告的精度越高，分析师预测数量越多，预测质量越高。

通过管理层业绩预告这种重要的信息披露机制，管理层可以建立或改变市场对公司盈利的期望，同时树立管理层透明、准确的信息披露形象。公司管理层发布的业绩预告信息作为公司财务报表有益而必要的补充，已被众多实证研究所证实其具有信息含量，是资本市场中信息披露的重要组成部分。但盈利预测本身不可避免地具有不确定性和一定程度的主观性，很容易成为管理层信息披露的操纵对象和工具，这也是对预测性信息披露持观望甚至反对态度的主要原因所在。从上述分析可知，随着对上市公司盈利预测信息需求的增加，管理层披露已经成为不可替代的盈利预测信息来源，同时相关信息的披露与监管制度将逐渐成为市场的焦点。

（二）管理层业绩预告的目标定位

会计目标理论中的"决策有用观"与"受托责任观"观点的差异决定了两个学派对会计信息质量要求的侧重点不同。"受托责任观"强调事后概念，较多地利用会计信息中的历史信息而非预测信息订立或执行契约，同时认为经管责任是一种产权责任，必须如实地反映及维护产权主体的权益，因此会计信息应尽可能精确可靠。而由于业绩预告信息属于预测数据，存在预测偏差，具有主观性和不确定性，难以该理论来作为业绩预告基础。"决策有用观"则认为披露会计信息的目的是帮助信息使用者作出正确决策，即有助于投资者在资本市场上买入或卖出证券。所以，当会计信息的披露引起股价（或成交量）变化时，则说明信息是具有内涵的，是有用的。因此强调信息与决策相关的特性，对会计信息的精确性没有严格的要求。业绩预告信息的披露正是基于"决策有用观"的要求，在定期财务数据报出前，由具有内部信息优势的公司管理层对定期财务成果作出估计并对外披露，以减少管理层和外部信息使用者的信息不对称，帮助投资者作出正确选择。

基于上述分析，本书认为管理层业绩预告信息披露的目标应当定位为能够为公司盈利信息需要者提供及时、与决策相关的、关于企业未来盈余的信息，从而降低信息不对称程度，保证信息的公平传播，保护投资者利益。

第二节 管理层业绩预告的内容特征

信息披露的质量关系到资本市场是否能有效运行，市场相关各方均对信息披露质量给予了极大的重视。信息供给主体的信息披露决策直接影响着市场信息的质量，有效的披露决策可以缓解管理层和投资者之间的信息不对称、降低代理成本、增强投资者信心、实现信息披露成本收益的优化。管理层业绩预告信息的披露决策指上市公司管理层在披露业绩预告信息时为实现特定目标而采取的具体披露方案。

一 自愿披露公司业绩预告信息

公司自愿性信息披露是会计研究中的重要话题，西方文献一般认为有五种动机激励公司自愿披露其信息，即：资本市场交易（成长性）、管理者股票报酬（管理者持股）、诉讼成本、私有成本和管理者能力信号传递（盈利水平）。

管理层是受托资源的管理者，承担着对外披露信息的责任，是公司信息的主要来源。在强制性信息披露之外，管理层会利用自愿性信息披露上的灵活性与自由性来暗示一些重要的信息，并从中获得相应的回报。这样恰到好处的、合规的选择性信息披露会引起股价变化，从而使具有期权或股票行使权的经理获得更高的回报。现阶段我国资本市场日益完善，自愿性信息披露的经济影响逐渐显现出来，其可利用性也逐步被管理层所认识。在这样的市场背景下，作为代理人的管理层的理性选择是增加自愿性信息披露，比如，在不满足强制披露业绩预告条件下，仍选择向市场提供关于公司业绩的信息，除可从股价变化中获利外，还可提升本公司在投资者心目中的形象及管理层本人在经理人市场上的声誉。

证券市场的进化进程也对上市公司管理层业绩预告披露提出了要求。证券市场进化主要体现在机构投资者的兴起与专业证券分析师的出现两个方面。机构投资者拥有资本、专业知识、人力及信息方面的优势，可以通过建立多种投资组合分散风险。强制性信息披露在帮助中小投资者投资决策之余，已经难以满足机构投资者对公司信息的需要，对于公司管理层来说，通过适当增加自愿性信息披露博得机构投资者青睐是不错的选择。专业证券分析师虽然可凭借其规模与专业优势，以较低成本完成信息的搜寻与分析工作，但管理层所掌握的"秘密"信息仍是其观点的重要依据，为了避免证券分析师的"误解"、价值低估等情况发生，公司管理层也会选择自愿披露业绩预告等关于未来收益的信息，使证券分析师能更准确地预测公司未来。无论是机构投资者的兴起，还是专业证券分析师的出现，都对上市公司业绩预告披露提出了更高的要求，只有更及时的披露、更有效的沟通，才能得到证券分析师的关注、机构投资者的青睐。

二 业绩预告的披露时间选择

股票上市规则（2006修订）于2006年5月19日实施后，业绩预告已不属于定期报告中的规定内容，公司可以在临时报告中披露其业绩预告。也就是说，自业绩预告披露规则修订后，当管理层符合信息披露条件的时候，可以在当年第三季报告中披露，也可以在第三季报告披露之后以临时报告的形式进行信息披露。因此，与历年应在当年第三季报告中披露关于当年全年业绩预告的情况相比，管理层2006年第三季度对当年业绩预告进行披露时，在披露时间点上获得了更大的选择权。当管理层拥有披露时间上的选择权时，管理层会根据消息类型、公司或者自己利益的需要，选择具体的预告披露时间。

在消息披露时间选择上，总存在"好消息早，坏消息晚"的规律，对于业绩预告也是如此。在周历时间选择上，坏消息总倾向于在星期五或休市后披露，好消息总倾向于在星期一至星期四披露。资本市场动机是对这一规律的一个解释：由于信息不对称的存在，投资者可能作出低估公司价值的决定，因此拥有好消息的管理层为了避免公司价值被低估而尽早对外披露好消息。拥有坏消息公司被低估的可能性小，而坏消息的公布可能使公司价值进一步降低，因此即便是由于强制性信息披露要求使管理层无法隐藏坏消息时，管理层也会推迟坏消息公布。契约动机是这一规律的另一个解释：契约动机中的契约包括报酬契约与债务契约。大多数报酬契约中包括各种股票方案，以股价作为衡量管理层努力程度的指标。管理者可以通过选择恰当的披露时机来影响股价，从而影响可以获得的报酬。对于签署借款契约或准备签署该契约的公司来说，在经营业绩良好的年份，管理层会尽早地将财务报告或收益信息向债权人提交，以证明其经营能力和经营前景；但在业绩不好的年份，情况却恰恰相反，管理者会尽量推迟提交财务报告或强制性业绩预告，一为后续可能的收益管理行为争取时间，以避免违反债务契约，二为尽量拖延被债权人确认违反契约的时间，以避免因债权人追债而加剧财务危机。

对于坏消息而言，不仅存在上述周五或周末效应，同时发布信息公告产生的竞争也会降低或分散投资者的注意力，即坏消息的"集中公告效应"。徐洪波和于礼（2014）证实了坏消息的"周历效应"和"集中公告效应"，并对其进行解释，认为管理层是出于避免股价波动的考虑，会在投资者注意力分散的时候发布坏消息业绩预告，使其对公司的负面影响最小化。

三　业绩预告的误差与态度

上市公司与监管部门及市场间存在着一个"强制的公共契约"，当公司的业绩预告与实际不符并且误差超出一定范围，就会遭到监管部门与市场的处罚，产生契约成本。公司若因预告误差超过一定比例而被处罚，其管理层乃至股东、债权人等相关者的利益均将受损。因此，管理层会权衡这种强制契约的契约成本与预告误导可能带来的收益。如果业绩预告所产生的收益（例如筹集到更多低成本资金）大于证监会处罚所产生的成本，上市公司就有可能形成高估业绩预告的动机；当然，当误报收益大于相应的处罚成本时，管理层也可能会出于以低价获得股权等私利动机故意低估业绩。可见，管理层可能会出于公司或自己利益，故意误导投资者，披露有偏的业绩预告。另外，会计灵活性、管理层的预告经验（Chen，2004）及公司治理机制（Ajinkya et al.，2005）等均会影响预告的准确性。当然，由于公司经营环境的多变性、不确定性以及管理层的有限理性，业绩预告在客观上不可避免地存在一定程度上的偏差，这不属于管理层可控制范围。

不管业绩预告误差产生的原因是主观性的还是客观性的，在业绩预告披露后，实际收益报告披露前，管理层可以通过对应计盈余的操控而调整对外披露的实际收益，以使预告不出现质的差异或将偏差控制在一定范围内。因而，准确性偏差大小在一定程度上反映了管理层对误报收益与误报成本的考量，是管理层认可的收益与成本间的最佳平衡点。

业绩预告误差方向的性质，即乐观预告还是悲观预告也是管理层决策时需要考虑的问题。当公司即将发行股票或者管理层计划出售所持股票时，公司业绩预告更可能出现乐观倾向，如罗杰斯和斯托肯（2005）认为，公司发行股票时，管理层倾向于发布乐观偏向的信息，希望以此改变市场定价提高股价。而当公司面临诉讼问题、股票回购时会倾向于悲观的披露，如弗兰克尔等（1995）发现法定负债与声誉成本遏制公司披露过于乐观的管理层预测；处于行业集中度高的公司，为了保持竞争优势、获利超额租金[①]（Besanko et al.，2000），存在较大的动机打消其他公司进入该行业的念头，其披露的业绩预告可能会相对悲观。

四 业绩预告的精确度

信号精确性（signal's precision）严重影响着信念发展（belief

[①] 行业集中度常被作为私有信息的替代变量（Bamber and Cheon，1998；Harris，1998），此时的实证研究结论为，行业集中度高的公司利润更高。

development)(Kim and Verrecchia,1991;Morse et al.,1991)。另外也有实证研究说明,管理层盈利预测精确度影响市场交易者与分析师的观点。金等(1990)也认为,管理层盈利预测的形式为分析公司管理层对于未来的看法提供了依据。因此,有必要进一步研究到底哪些因素影响着管理层对精确度的选择。管理层盈利预测精确度的形式具体包括点预测、区间预测、开区间预测及描述型预测,精确度逐渐降低。

不同精确度的管理层业绩预告传递了不同的信号及不确定性的差异。点预测由于只包含一个可能的盈利数值,没有披露实际收益值可能出现偏差的方向,管理层会承受包括法律诉讼与股价波动在内的风险压力。如果盈利结果存在较大不确定性时,管理层不会冒这个风险,因而只有在管理者对收益结果非常有把握时才会披露精确度为点估计的业绩预告。

当业绩预告是极值,即最大值或最小值预测时,很难找到直接证据说明管理层的意图。最大值与最小值预测可能是管理层在收益值偏差方向上"两面下注"以规避风险的结果,也可能只是对某些事件的数值表述。例如,公司签订了一份可能在将来给公司带来竞争优势或其他收益的合约,管理者就可以发布一份最小值预测,表示管理者掌握的好消息能影响未来收益,但收益变化的确切值还不知晓。这样的战略被用来向投资者传递信息而避免向竞争者透露过多内幕。如果管理层披露最大值或最小值预测的意思是后面一种情况的话,一般好消息都会以最小值预测出现,坏消息则以最大值预测出现。

对管理层披露区间预测存在三种解释:第一,管理层通过认真考虑收益水平的各种可能性,确定了他们认为的最高与最低收益值;第二,考虑到最有可能的结果,区间预测以最高及最低的数值点来表示差错的方向;第三,区间预测被用于传递较大的不确定性，因此该区间通常足够宽大，以将最有可能的结果包含在内。信息使用者很难去理解区间预测所传递的信息，在第一种情况下，除非最有可能的收益值与最高及最低值等距，否则，收益值不太可能出现在中值；在第二种情况下，最恰当的估计可能是最高值与最低值中的一个；在第三种情况下难以准确地评价该区间预测。因此，一般说来区间预测的信息含量比较低，除非投资者能找到区间预测的真正用意。对于区间预测，还存在着一个精准度问题，比如"利润将增长10%到60%"与"利润上涨30到40%"，虽然两个预告的中值一样，但精准程度却大不相同，后者精准度更高。这里包含了精确度的另外一种解释，即称为精准度。"利润将增长10%到60%"预告中的变化幅度上下限分别为10%与60%，60%的上限表示公司具有很好的成长潜力，但根据下限来看，公司的发展已经遇到了较强的阻力，而投资者往往会忽视下限的风险，仅关注公司给出的最高增长幅度。这类预告精准度较低，预告值虚高。实际上这家公司最终的业绩很可能是增长10%甚至更低，而对于根据业绩预告作出投资决定的投资者来说，风险骤增。虽然预告中间值被认为是一个最可能收益值，但在解释区间预告时，应更多地考虑收益可能的分布问题。

描述型预测是精确度最低的一种预测类型，向外传递着公司未来收益波动以及管理层对公司收益把握程度不高的信息。

第三节　管理层业绩预告的动因

掌握管理层披露业绩预告的动因，明确管理层自愿披露业绩预告的原因以及影响其预告特征的因素，可以使市场参与者更好地解读预告中所包含的信息。

一　业绩预告的理论动机

管理层业绩预告披露动机是实证研究比较集中的领域,已有文献中提到的动机主要包括期望调整动机、信号动机、代理动机、事件驱动及诉讼风险动机等。

(一) 期望调整动机

大量的研究支持管理层披露业绩预告的原因是调整投资者期望并使其与之保持一致的观点。通过观察市场对管理层预告值的反应,阿金克亚和格夫特(1984)对"期望调整"动机进行检验,他们认为如果管理层的意图是通过盈利预测调整过高或过低的市场预测,那么不管是好消息或坏消息,市场价格均会作出相似的反应。因此其中暗含的假设是在期望调整目的下,管理层并不在意好消息与坏消息的区别,因此管理层的预测趋于无偏。期望调整假说也解释了许多实证文献中提到的公司披露预测的不规律性问题。哈塞尔和詹宁斯(1986)、休斯敦等(2010)也为期望调整提供证据,经他们检验得出,管理层的盈利预测可以帮助调整分析师的预测值,以减小分析师的预测失误及分散程度。科特等(2006)还认为管理层的盈利预测可将分析师的预测值引向公司可以实现的收益值。实际上有许多公司披露盈利预测仅仅是为了说明分析师的预测值与管理层的一致,起着确认而不是调整的作用。阿金克亚和格夫特的解释是,这是管理层欲与分析师保持良好关系的表示。哈塞尔和詹宁斯(1986)对分析师与管理层盈利预测准确性进行比较,发现管理层预测比同期分析师预测更加准确,但几周后分析师更新的预测信息比之前的管理层预测更加准确,这一经验证据从另一角度对期望调整假说提供了支持。

金等(1990)认为阿金克亚和格夫特(1984)并没有从经济学角度来解释他们的假说,金等(1990)则以期望调整为起点,从经济理论角度解释了交易成本、信息不对称与公司披露的关系。管理层通过披露盈利预测，引导投资者期望向管理层预测靠拢，减少公司股票的买卖差价；同时降低投资者搜寻交易信息的成本，管理层也可从增加的公司价值中获利。预先承诺披露信息的管理层与公司会受到市场青睐，股价会因此上升。他们认为，在 NYSE 或 AMEX 发行股票时也存在这类预先承诺披露政策约定，因为在这些交易所上市的公司被要求及时披露与股价相关的任何重要信息。总之，投资者将从下降的交易成本中受益，由于预先承诺的制度安排，管理层也会在股价上升中受益。

(二) 信号动机

信息不对称导致的逆向选择问题在现实世界里无处不在，而该问题最好的解决方法就是将信号传递给信息缺乏的买方。许多学者将这一理论用于自愿性信息披露的研究，比如斯彭斯在 1974 年提出，当公司经营者与外部投资人之间存在信息不对称时，由于信息缺乏，外部投资人无法正确评估公司的投资价值，因而以平均价格作为所有公司的价值，此时在市场上发行高品质证券便无法获利，这成为信号理论的前提。为避免发生此类情形，高质量、业绩较好的公司有充分动力通过自愿性信息披露向投资者传递公司未来前景看好的"信号"，以改善公司形象，突出公司的竞争优势，提升公司核心竞争力，从而将其与那些业绩较次公司区分开来，吸引更多的投资以推动股价。因此，自愿性信息披露是经济主体的理性行为选择，可以向投资者传递企业质量的信号。罗斯（Ross，1978）也利用信号理论得出结论：法律没有必要强制公司披露信息，因为管理层会有充分的动机来提供信息。威瑞启亚（Verrecchia，1983）对为什么拥有好消息的公司愿意披露预测进行解释，他们认为管理层自愿盈利预测披露具有自我识别的作用，将拥有好消息的公司与其他公司区分开。管理层如果掌握表明公司的价值高于市场估计值的消息，他们就会有披露盈利预测信息的动机，以将他们与其他掌握坏消息的集团分开。

特鲁曼（Trueman，1986）结合逆向选择理论，将信号理论用于管理层盈利预测，认为管理层并不只是想通过盈利预测单纯地告诉股东预期的收益，而是传递管理当局具有预测经济变化、调整产品生产安排能力的信息。因为这些能力原本并不为投资者所知道，因此，管理层盈利预测被作为一种自我识别的工具。根据特鲁曼的信号理论，投资者更喜欢规律、及时的披露，因此，公司应形成正式的盈利预测披露制度[①]，尽早地披露盈利预测。但这与经验研究发现的情况并不相同，其实多数盈利预测都具有不规律性，并且披露时间大都在年度的最后一个月。

（三）代理动机

代理理论由詹森和迈克林（Jensen and Meckling，1976）提出，是上市公司自愿性信息披露的理论基石。代理理论认为公司是"一系列契约的联结"，经理人与所有者、经理人与债权人间的代理关系是其中最重要的两个关系，该理论又假设公司的各利益相关人都是理性的个体，都是效用最大化者，因此，当代理人（经理人）与委托人（股东或债权人）彼此的预期效用函数有所差异时，两者的目标会有所冲突，此时便会产生代理成本。代理人出于自身利益考虑，为减少代理成本带来的损失，便会产生通过自愿披露信息向委托方披露受托责任履行情况的动机。科普尔和加莱（Copel and Galai，1983）、格罗斯顿和米尔龙（Glosten and Millgrom，1985）及戴尔蒙德（Diamond，1985）实证研究指出，当代理成本越大时，拥有内部消息的投资者利用该信息进行套利获取异常报酬的机会越大。为了避免少数投资者利用内部消息套利，提高投资者的福利，

---

① Allen Group 是为数不多的此类公司之一，它自 1973 年开始就有规律地披露盈利预测，并在 1980 年年报中公开披露其盈利预测的政策。

管理当局将会主动披露信息给投资人；同时，公司也因交易信息成本的降低，而使公司资产的价值提高。因此，预期委托人与代理人间代理成本越大时，代理人披露信息的动机就越强烈。

戴尔蒙德（1985）和金等（1990）都认为管理者的自愿性盈利预测披露是为了缓解代理冲突。相对于外部投资者而言，管理层具有天然的信息优势，根据代理理论，内外部的信息不对称会产生代理问题，因而会进一步产生逆向选择与道德风险。由于管理层存在利用信息优势获取私利的可能，投资者在对股票出价时会有所折扣，公开的自愿披露可以减轻这一道德风险问题。比弗（Beaver，1989）认为通过管理层披露的预期收益，使双方在回报上达成一致的协议。投资者会因此相信，管理者会努力去实现这个收益。

（四）事件驱动

公司还会因为某些特殊事件而自愿披露业绩预告。比如，梅叶斯和梅吉拉夫（Myers and Majluf, 1984）观察发现，新股票的发行会导致股价下跌，不少学者认为，这是因为外部人不愿意在信息不对称情况下增加投资，承受逆向选择与道德风险。然而公开的盈利预测披露可以缓解逆向选择与道德风险难题。而且，管理者在接受利斯（Lees, 1981）调查时认为，盈利预测能增强对新资本的吸引力，并且这可能是盈利预测披露带来的最大的益处。因此，当公司即将发行股票时，会倾向于披露更多且更乐观的盈余预测。

弗兰克尔等（1995）以及兰格和伦德霍尔姆（Lang and Lundholm, 2000）发现上市公司在筹集外部资金之前会表现出明显的自愿披露盈利预测信息倾向，并且偏好发布好消息。科特等（2006）同样发现股票发行期间，管理层很少发布传达坏消息的盈利预测，筹资动机在一定程度上抑制管理层发布坏消息，而促使管理层发布好消息。另外也有研究发现管理层业绩预告的披露与内部人股票交易有关。阿布迪和卡瑟琳（Aboody and Kasnik, 2000）发现管理层在股票激励下，会在股票期权发放期间发布坏消息，暂时降低股价，从而在期权发放时取得较低的购买价。布罗克曼等（Brockman et al.，2008）发现上市公司回购股票之前，发布坏消息盈利预测的频率和数量都提高，而好消息盈利预测的频率和数量较低，这样上市公司可以较低的价格回购股票。

(五) 诉讼风险动机

当公司面临诉讼时，其公司价值会经历大幅下降。巴哈特等（Bhagat et al.，1998）提供的证据表明，公司的价值在被起诉当天会下降1%；如果存在对公司不利的证据时，公司价值下降幅度将更大，平均下降可达2.73%。此时公司除了承担这些直接成本外，管理者还面临着诉讼的其他间接成本，比如声誉损失。斯特拉恩（Strahan，1998）发现，集体诉讼发生后，CEO更换的可能性大幅增加。咨询公司通能太平（Tillinghast-Towers Perrin）2002年调查报告显示，因为不充分或不正确信息造成的股票交易损失，是投资者索赔的主要原因。基于以上认识，管理者具有非常强烈的动机来调整自己的行为以避免不充分或不正确的披露。

约翰逊等（Johnson et al.，2001）的研究表明，披露盈利预测能够降低管理层由于未向投资者警示未决的坏消息而带来的法律风险。另外，巴金斯基等（2002）研究发现美国与加拿大两国不同的法律环境导致其盈利预测披露存在着差异。加拿大相对宽松的法律环境使上市公司披露盈利预测的频率大大高于美国公司。虽然美国公司更倾向于在业绩下滑时披露盈利预测，加拿大的管理者反而在盈利上升阶段发布更多的预测，加拿大公司的管理者盈利预测具有精确度高、预测期间长等特点。

因此，公司诉讼风险是影响公司是否进行盈利预测披露的另一个重要因素。管理层经常通过盈利预测预先透露盈利信息以避免法律诉讼及其带来的成本，尤其当其中含有坏消息时（Skinner，

1994）。曹和那瓦压那莫斯（2005）发现当面临较高的诉讼风险时，掌握坏消息的管理层更可能进行盈利预测披露；掌握好消息的管理层则会考虑到诉讼风险，进行披露的可能性相对较小。布朗等（2005）发现掌握好消息与坏消息的公司在面临高诉讼风险时均倾向于披露盈利预测。然而在控制诉讼风险水平后，他们发现掌握坏消息的公司明显地比掌握好消息的公司更可能进行预测披露。研究诉讼风险对管理层盈利预测决策的影响，除了能帮助投资者更好地理解其中传递的信息外，也能使监管者、市场制度及会计制度制订者掌握管理层盈利预测披露的动机，并在此基础上修订公司报告与披露标准。

二 业绩预告的影响因素

在上述动机激励下，管理层根据公司具体所处的外部环境及内部特征，对业绩预告行为不断进行调整。外部环境是公司外部的、市场共有的特征，公司内部特征是公司所特有的性质，外部环境与内部特征被统称为业绩预告的前提，共同影响着管理层的具体披露决策。公司披露的外部环境与内部特征包括公司治理因素、公司财务状况、其他公司因素及外部环境因素四个因素。第四章将详细讨论这四个因素对业绩预告的影响。

（一）公司治理因素

从公司治理角度来看，人们普遍认为治理效果较好的公司更愿意向市场披露这些预示公司潜力的信息，以提升公司的形象和争取更好的市场表现。卡利克拉提亚和瓦费斯（Karamanou and Vafeas, 2005）认为公司治理结构越有效，公司为中小投资者提供信息的压力就越大，他们更倾向于披露预测盈余。在公司治理与管理层预告关系方面，有研究发现公司治理水平高的公司披露的盈利预测准确度高、误差小，管理层盈利预测频率、误差及特点等与公司治理及机构投资者间存在较强的关系（Ajinkya et al.，2005）。本书主要从股权性质与结构、管理层股权激励及董事会特征三个方面检验公司治理对管理层业绩预告特征的影响。

（二）公司财务因素

根据信号传递理论，盈利能力强的公司为了使自己有别于其他公司，愿意披露更多、更详细的公司业绩预告信息，通过高质量的信息披露避免信息不对称导致的逆向选择问题，并且管理层与公司均可从良好的披露形象中获利。另外，财务状况不佳的公司管理层面临的低薪、被解雇、失去信誉等风险会对公司的业绩预告产生约束作用。周晓苏和高敬忠（2009）基于控制权竞争假说与声誉扭转假说，实证研究发现财务困境公司管理层会对公司的盈余预测信息有所保留，会选择不精确的预告形式。综上所述，公司财务因素是公司管理层业绩预告时常常考虑的一个因素，影响着公司业绩预告信息的质量与特点。

（三）其他公司因素

除了较为明显的、重要的公司治理与财务因素外，公司规模、收益波动性、再融资需求与公司所处行业的竞争程度等因素也影响着公司的业绩预告决策。公司规模对业绩预告的影响可以分别用代理理论与信息不对称理论进行解释，但两个理论的影响方向相反，我国业绩预告实务适用的理论还有待检验。公司收益波动性的大小，会影响管理层对披露收益与成本的考量，从而使管理层业绩预告决策出现差异。预告披露以后年度的再融资需求会使公司管理层更加注重美化公司形象，降低融资成本，以此为目的，公司将选择有利于公司融资的业绩预告特征进行披露。企业的政治成本、竞争劣势成本等私有成本因行业而异，而这些成本正是企业信息披露决策时所考虑的重要因素。

（四）外部环境因素

外部环境是公司信息披露时共同面临的环境，主要包括交叉上市与上市地点两个因素。相对于国内上市公司，交叉上市公司更易受到国际资本市场上信息披露法规与习惯的影响，根据陈君兰和谢赤（2013）编制的信息披露质量指标与评价结果，发行外资股的上市公司信息披露排名均高于仅发行 A 股的上市公司，充分说明了交叉上市带来的制度差异影响着公司的信息披露决策。同时，他们也发现我国深市与沪市公司信息披露质量存在差异。因此，管理层业绩预告作为一项重要的对外信息披露，其特征也会因是否交叉上市与上市地点不同而存在差异。

第四节　管理层业绩预告的原则

各国政府和资本市场监管机构在规范上市公司信息披露方面都制定了严格的标准，不管是受法律和监管当局管制的强制性信息披露还是出于自我服务的自愿性信息披露，都应该满足信息披露质量的基本要求。管理层进行业绩预告决策时，仍然需要遵循这些要求，并特别注意以下几个原则。

一　成本与收益间的均衡

尽管在信息披露决策时寻求一整套完全用货币表述的成本与效益是不现实的，但是借用经济学的思考方法，从收益与成本两个方面来考虑是否要增加信息披露做法的正确性不容置疑。上市公司是否发布业绩预告，主要在于权衡其收益与成本（Trueman，1986）。本书研究的业绩预告信息的供应方是公司管理层，其在作出是否发布业绩预告类信息决策时，面临着成本与收益的权衡。公司管理层会尽力在成本与收益间寻求一个平衡点，以此决定信息披露的内容与形式。

(一) 业绩预告披露的收益分析

公司是否努力披露更多的信息取决于他们准备或者可以从披露行为中获得多少收益。据调查,最大的三个利益依次是:增加管理层的可信度、高股价与持续增长的长期投资者。

业绩预告披露的第一个好处是管理层可信度增加,这是公认的无形资产。管理层通过制定盈利目标并实现目标,当公司达到盈利预期时,投资者对管理层信任度就会显著提高。当管理层进行一项近期收益下降而在未来获得回报项目时,管理层的可信度变得尤其重要。实际上如果市场完全信任管理层,相信管理层的决策是明智的并且企业能兑现其承诺,市场对管理层的预告披露会以积极的方式作出反应——不断升高的股价。不断上升的股价也是业绩预告带来的第二个好处。业绩预告披露的第三个重要的利益是持续增加的长期投资者。如果公司提供了更多的可以信赖的未来业绩信息而不是传统的历史盈余数据,特别是当公司展示这些未来盈利与长期价值创造之间的关系时,可以预计市场对季度、年度报告中披露的实际收益信息的重视程度将会下降。如果企业能够揭示未来收益的核心信息,向外界展示其竞争优势,就能在信息披露方面赢得良好的声誉,表明其经营能力及投资潜力,从而增强投资者对企业的信心,购买本企业证券的投资者将大大增加。

除此之外,当公司披露好消息的业绩预告时,会特别地收获市场收益与契约收益两个方面的好处。市场收益包括:第一,提升股价和交易量,间接降低再次融资时的资本成本。第二,有利于反收购、反兼并。当公司由于前期经营状况不佳面临被兼并、被收购的局面时,披露业绩预增(或预盈)信息,管理层可以重拾投资者信任,继续保有对公司的管理权。第三,有利于商业竞争。契约收益包括:第一,披露业绩预增(或预盈)信息可以树立公司良好的业绩形象，使公司在激烈市场竞争中处于优势。第二，可以减少信息不对称，降低代理成本。第三，促进内部管理。业绩预告信息的公开披露，有利于促使公司管理层在未来经营目标的激励和约束下，努力加强经营管理，提高公司的经营业绩，同时完善企业的内部控制系统，在内部建立良好的财务预测制度。

但当管理层掌握盈余降低或亏损之类的坏消息时，披露坏消息承担的成本与披露好消息的成本差别不大，但相比之下，上述披露收益显然就不存在了。收益和成本的权衡结果，可能会导致管理层转向其他选择：第一，内幕交易。管理层可能会利用信息优势，发布虚假收益预测信息，造成股价的大幅波动，以此赚取超额利润。第二，秘而不宣。因为害怕坏消息的披露会损害公司与管理层名誉，降低报酬，管理层可能会藏匿或者至少延迟披露这类消息。

(二) 业绩预告披露的成本分析

信息披露成本主要指公司进行信息披露时所发生的直接支出及其对公司价值造成的损失或负面影响。在经济人假设下，上市公司管理层业绩预告决策取决于披露成本的大小。正是由于信息披露成本的存在，公司在决定是否以及如何进行披露时会权衡成本与收益，以便作出理性的选择。

信息披露成本通常包括直接成本与间接成本。直接成本也被称为提供信息的成本，指从建立财务信息系统到会计信息的披露完成所花费的一切支出，具体表现为公司为准备和披露信息所发生的各项费用支出，不仅包括搜集、整理、审计、传递信息的成本，还包括对已经披露的公司信息质询进行处理和答复的成本等。直接成本不具有成本的不确定性，因此容易核算，主要产生于现有会计系统，属于企业运行成本，只有小部分由具体信息披露行为承担，对上市公司信息披露决策影响不大。

间接成本指由公司披露信息及其有关活动引起的成本，因其难以准确地估计和计量，又被称为不可计量成本。间接成本对信息披露决策具有重大影响，主要包括以下几个方面的成本。

第一，失信成本及可能的法律诉讼。当企业未能实现业绩预告目标，投资者及其他信息使用者会对企业失去信任，产生失信成本；当预告偏差给投资者带来损失时，公司还可能遭受法律诉讼以及监管机构的处罚。但诉讼成本会对公司的自愿性披露产生双重影响。一方面，如果自愿性信息披露揭示了公司的计划和预计未来可能发生的情况，如业绩预告，一旦信息与事实偏差，很容易成为被诉讼的对象从而造成经济和声誉上的损失。上市公司为避免或减少诉讼成本，一般采用较为谨慎的态度对经营状况的预测进行披露。另一方面，由于管理者的不及时和不充分信息披露所导致的诉讼能促使公司进行自愿性披露。但在我国，诉讼成本对于自愿性披露的影响主要为消极影响，即上市公司因为诉讼成本而不愿进行自愿披露。这主要是因为我国法律体系的不完善使上市公司较少承担由不及时披露坏消息而引起的诉讼风险。

第二，由业绩预告外部性带来的竞争劣势成本，指竞争对手或合作单位利用企业披露的会计信息，调整其经营策略或谈判策略，从而使企业在竞争中处于不利地位所引起的成本。公开的业绩预告信息被视为一项公共品，可以被竞争对手免费获得，如果披露的时机不当或内容过分详细，都将不可避免地泄露过多商业秘密，使公司在市场竞争中处于被动地位，同时也会增加合作单位"讨价还价"的能力。王雄元等（2003）对上市公司不愿意披露信息的原因进行调查，发现约束我国上市公司自愿性披露的主要因素为担心泄露商业机密和传递不良信号。

第三，对管理人员的约束成本。公司管理层为了保证预告盈利的实现，有时会采取一些短期行为，从而使公司的长期利益受损。比如，为了使公司免受因较大预告误差而带来的市场与法律处罚，公司可能会利用内部人优势操控定期报告收益。根据卡丝尼克（1999）的研究，上市公司对盈利预测负误差存在盈余管理的动机。张雁翎和彭浩然（2004）通过实证研究发现，不同程度的盈利预测误差会影响公司盈余管理行为[①]。另外，管理层也可能选择通过对经营项目与行为的控制影响实际收益而减少预告误差，此时，公司利润将不可避免地受到影响。

第四，按规定披露信息的机会成本。理论上，当披露业绩预告的效益大于成本时，公司就可能会披露预告信息。所以，拥有好消息的公司一般会自愿披露业绩预告，而获利能力降低或者预期会出现亏损的公司往往不会主动给外界提供业绩预告信息。但是，已经掌握业绩预增或扭亏为盈信息的公司管理层可能会故意推迟业绩预告的时间或者发布虚假预告信息，通过内幕交易获得超额利益。这种超额收益是公司管理层按规定发布业绩预告时所要承担的机会成本，它也是间接成本的一个组成部分。

信息披露是一把"双刃剑"，一方面，信息披露可以带来如减少信息不对称程度、提高股票市场流动性、降低资本成本、提高公司价值等诸多好处；另一方面，信息披露也会带来相应的披露成本与诉讼成本，还有可能会让企业丧失竞争优势。当将企业或者企业管理层看作"理性经济人"时，根据经济学原理，只有当其从披露业绩预告中获得的收益大于披露成本时，企业才会主动进行信息披露，或者选择使收益与成本均衡的披露策略。必须指出的是，由于上述的成本效益项目，很多都难以准确量化，所以成本效益原则很难对公司进行严格的约束，导致许多企业重视短期成本而忽略长期利益，而出现不愿进行自愿性披露的短视行为。

[①] 张雁翎、彭浩然：《盈利预测误差的契约性与上市公司盈余管理研究》，《财经研究》2004年第11期。

二 可靠性与相关性间的平衡

市场参与者与部分文献都认为预告信息对于投资者决策来说是极度相关的,并且具有决策有用性,这样的论断似乎忽视了预告信息的可靠性问题。由于业绩预告的难以验证性,非常容易受到管理层个人判断及操纵的影响,这对业绩预告信息的可信性及决策有用性提出了挑战。不可信的业绩预告将被理性投资者视作垃圾丢弃,而不能作为决策的依据。前已述及业绩预告信息与经济决策之间的高度相关性,是重要的信息。而对于相关性高的信息而言,其可靠性就更值得关注。作为对外披露信息的一种,业绩预告信息需要具备以"决策有用观"为目的的两个首要特征:相关性与可靠性。因此,和其他信息一样,业绩预告信息的有用性也可以从相关性和可靠性两个方面来衡量。

可靠性标准是信息披露的基本要求,也是保证资本市场不受垃圾信息噪声困扰的前提。会计信息披露在多大程度上减少资本市场中的资源错误配置,取决于公司经营状况信息披露的可靠性。作为投资者获取企业信息的重要渠道,自愿性信息披露对投资者的投资决策影响非常大,因此,上市公司管理层披露的信息必须如实可靠,经得起时间的检验。很多因素影响着业绩预告的可靠性,归纳起来可分为主观与客观两个方面的因素。主观因素指通过一些必要的方法和措施可以控制的因素,包括公司管理者的态度、预告的时间跨度、公司行业属性、公司进行预告披露的经验及提供预告信息的能力等。客观因素指存在于企业外部、由无法预见或无法调节的事件所引起的预告差异。

在我国,上市公司管理层发布的业绩预告信息也受到公司管理层操纵的威胁,其可靠性受到影响。事实上,在预告新规则实施之前,信息不可靠现象已初露端倪。张维迎(2002)对2001年年报盈余预告做了统计,发现业绩变脸现象频频发生,变脸的公司有59

家，所占比例竟高达16.03%。业绩预告虽然可以提高财务信息的决策相关性，但其可靠性会受到上述主观与客观两个方面因素的影响，在朱开悉（2003）问卷调查中，大多数机构投资者及个人投资者均不赞同为确保信息相关性而损害可靠性的做法，因此，财务信息的可靠性是基础，相关性是保证。加强对业绩预告信息披露可靠性的管理，应成为资本市场监管的重要内容之一。

如何提高甚至确保公司业绩预告信息的可靠性？有两套潜在的机制一直在发挥着重要作用。一是独立第三方中介机构为公司管理层业绩预告提供保障，二是通过强制要求披露的财务报告本身对公司之前披露的业绩预告信息进行确认。由于我国并没有强制要求中介机构对业绩预告进行审核，所以第一种机制暂时还难以发挥作用；第二种机制中，如果对那些披露了不实业绩预告信息而事后证明这种信息是虚假错误[①]的公司管理者施以足够惩罚的话，那么这种机制在保证信息披露可靠性方面将发挥作用，但该机制的有效性也取决于公司董事会对经营者的控制能力，还取决于国家法律的完备性和司法系统的执行水平。

三 自愿性与强制性相结合

强制性披露是指由法律、法规明确规定的上市公司必须披露的信息，就内容来看主要侧重于公司概况、基本财务信息、重大财务变动、重大关联交易、审计意见等信息。自愿性信息披露是除强制性信息披露之外，公司管理层基于公司形象、投资者关系等动机主动提供的信息。强制性信息披露是以法律规范来调整上市公司与其他利益相关者之间的信息沟通，而自愿性信息披露则是上市公司与

---

① 公司定期报告中披露的盈利也未必是"真实"的数字，其可能包含着人为操纵成份；并且"真实"收益本身就是一个相对的概念，此时的真实到了彼时由于情况的变化就会变得具有误导性甚至虚假性信息。

其他利益相关者之间基于经济利益的分配而进行的自利性信息沟通（何卫东，2002）。

不同证券市场对预测性盈利信息监管的方式不同，具体的披露规则是以其客观的社会、经济、法律环境及预测性盈利信息特质分析为背景的。在高度发达的市场经济国家，证券市场已经成熟、法规健全、执法严格，依靠充分竞争即可产生完整信息，市场参与者可在良好的法制环境下消除信息不对称所造成的影响，从而保证了市场在较高层次上达到有效。因此在成熟的证券市场中，管理层预告更多的是一种自愿、自利行为，是上市公司对投资者和资本市场正常运行负责任的一种表现。如在美国，投资者（包括潜在的投资者）作出投资决策时，对盈利预测信息的需求强劲，需求导致盈利预测信息的有效供给，市场上既有公司管理当局的盈利预测，又有基于市场需求的财务分析师预测，他们之间相互竞争、相互作用，从而在一定程度上能保证盈利预测信息的可靠性。

但对于新兴股票市场而言，由于信息披露、公司治理、投资者利益保护等建设以及市场参与主体素质的整体落后，信息披露要求只有趋严，因此必须增加管理层预测的强制性监管，对于异常的业绩变动，要提前向市场发布提示性公告，减少利用业绩变动炒作股票的内幕交易行为。王原和徐宗宇（1998）认为，当市场经济发展到一定阶段，证券市场还未完全成熟，法制环境还有待进一步改善的情况下，首先需要以强制信息规范制度保证有效信息的供给，逐步引导市场投资者对信息的有效需求，激励公司管理层自愿披露盈利预测信息，才能提高市场的有效性。

然而，强制性与自愿性信息披露两者间界线并不绝对。对于强制性披露而言，上市公司可能在披露方式和时间选择上具有自愿性，而自愿性信息披露可能是由强制性信息披露所引发或是对强制性信息披露的必要补充。何种信息应该强制上市公司的管理层公开披露，何种信息属于上市公司自愿披露的范围，这与国家的规则要求和监管制度有很大的关系。一个市场上应该强制披露的信息在另外一个市场上可能由上市公司自愿选择披露，投资者可以将这两种披露方式下产生的信息作为相互补充的信息源。因此，监管当局一个重要任务便是根据市场环境等及时调整业绩预告强制性披露的规则，同时完善市场环境，使上市公司自愿披露财务与非财务信息，作为强制性披露制度的补充。

四 及时性原则

信息具有时效性，其及时性是会计盈余数字有用性的一个基本决定因素，也是公司透明度的一个重要因素，因此，上市公司管理层应毫不迟疑地依法披露有关的重要信息。信息披露不及时，可能会引起信息泄漏、内幕操纵、后续信息市场反应无效、投资者决策失误，进而造成市场不公平与效率低下。事实上，市场上多数公司存在报喜不报忧的问题，推迟坏消息披露，使投资者难以在第一时间识别出公司经营中存在的问题。通过对散户投资者亏损原因的分析可以发现，很多中小投资者之所以亏损，就是因为没能及时获知公司经营失利的信息，不能及时止损。

业绩预告的及时披露，对于市场参与各方来说均利大于弊。对于上市公司来说，及时披露业绩预告信息，可使市场了解影响公司收益的重大事项或变化，使市场及时根据最新信息调整公司的股票价格，保证资本市场的连续性和有效性，对经营出现困难亟需救助的公司来说，及时披露预告信息更有可能获得市场和利益相关者的支持与理解。对投资者来说，及时得到业绩预告信息可使其及时作出判断，进行理性投资，避免因为信息不灵通而遭到亏损。对于监管者来说，要求上市公司及时披露预告信息，可以缩短内幕交易者可能进行内幕交易的时间，减少监管成本和难度。基于这些因素的考虑，海外主要资本市场均将及时披露作为对上市公司临时信息报告的基本要求。

从我国预告制度变迁过程可以发现，监管机构对信息披露的及时性相当重视，要求业绩预告披露时间间隔越来越短，甚至对预告规则作出全新的诠释。虽然次年 1 月 31 日是业绩预告披露的时限，是及时性的起码要求[①]，但不同会计信息与不同的使用者对于会计信息及时性要求并不相同，公司未来盈余信息是投资者投资决策的基础，相对于其他类型的信息，投资者对其及时性要求更高，因此，公司管理层应在"知晓"该信息，并认为可能影响公司价值时对外披露，不能受公司或自己利益影响。

第五节 管理层业绩预告的经济后果

泽夫（Zeff，1978）认为经济后果指的是会计报告对企业、政府、工会、投资者和债权人决策行为的影响。斯科特（Scott，2006）认为经济后果定义的实质是会计报告会影响管理层和其他人的实际决策。同会计报告一样，公司业绩预告信息的披露也会影响公司管理层、投资者、政府以及其他人的实际决策从而产生一系列的经济后果。本书从业绩预告披露对市场参与者行为、公司行为及公司微观经营环境三个方面的影响讨论其经济后果。

一 对市场参与者行为的影响

（一）影响市场分析师预测

管理层预测可以调整市场分析师与投资者预期（King et al.，

---

① 及时性一般指会计信息能够在规定的时间范围内或使用者要求的时间限度内到达使用者，蒋义宏（2007）对及时性的定义是"要求信息在规定时间内披露，既不延迟，也不能提前"。

1990)。分析师将根据公司的业绩预告更新其预测,詹宁斯(1987)指出分析师的预测修正时间大概是公司预测披露后四周。最近的研究指出,大概60%的分析师在管理层披露业绩预告后5天内修正他们的预测(Cotter et al.,2006),这足以说明管理层业绩预告在资本市场中的重要作用。另外披露业绩预告较多的企业,其拥有的分析师关注度更高(Wang,2007)。

分析师的行为也受到业绩预告特征的影响,在实际收益披露之后,业绩预告的准确性与预测形式相互作用,影响以后分析师的盈利估计。史蒂芬等(Stephen et al.,2011)发现,分析师对每股收益的预测是管理层预测精确度的函数,精确度高的管理层预测引起较大的分析师预测修订。

(二)影响投资者投资决策

业绩预告提供了对未来合理预期有用的信息,能够帮助投资者正确评价公司未来现金流量的时间、金额及不确定性,有助于投资者做出合理的投资决策。伊斯利和奥哈拉(Easley and Hara,2004)认为,市场达到均衡时,资产的价格受到信息的数量和质量的影响。业绩预告精确度越高、及时性越强、准确性越高,上市公司财务状况的透明度和预告可信度越高,越容易受到投资者和分析师的关注。高质量的业绩预告能够缩小买卖差价,增强股票的市场流动性,提高市场的有效性,满足更多投资者扩张的需求,进而提高股票价格。反之,预告的精确度越低、及时性越弱、准确性越低,交易成本越高,买卖差价越大,市场流动性越差。经济模型预示公司增加诸如管理层业绩预告之类的信息披露将会引起公司股票投资的增长。希利等(1999)也证实业绩预告值的持续增长会导致机构投资者持股增加。

根据上述分析可知,上市公司业绩预告能够影响专业财务分析师预测与投资者投资决策,当分析师与投资者收到可信的管理层业绩预告时，他们会调整自己的看法与期望，并相应地改变自己的行为。因而，管理层预告可信度决定着其产生影响的程度，即市场要求管理层披露的业绩预告必须具备某种品质，只有当该信息被市场认为可信时才能真正地传递信息，减小公司内部与市场间的信息不对称。管理层业绩预告可信度是投资者对公司管理层某一具体业绩预告可信性的认识，对业绩预告的市场效率至关重要。本书将在第五章对其进行论述，通过找出影响市场对预告信息反应程度的因素，为市场参与各方决策提供依据。

二 对公司行为的影响

（一）引起盈余管理行为

业绩预告作为一项信息披露，形成与投资者及监管机构间的两个契约关系。当公司的业绩预告与实际不符并且误差超出一定范围时，公司就会遭到来自投资者的不信任危机以及监管部门的处罚，产生契约成本，其管理层乃至股东、债权人等的利益将受损。在这两个契约关系中，公司管理层是真实盈利的知情者。因此，管理层会权衡契约成本与业绩预告可能带来的收益。当预告偏差较大，管理者可能形成强烈动机采取措施缩小偏差，其措施一般有预告修正与盈余管理两种，考虑到频繁进行预告修正会对公司形象产生负面影响，管理层有时会倾向于利用外部的信息不对称，通过内部人操控定期报告收益来避免遭受处罚。

根据卡丝尼克（1999）的研究发现，上市公司对盈利预测负误差存在盈余管理的动机，但对正误差，这种动机并不存在。张雁翎和彭浩然（2004）通过实证研究发现，不同程度的盈利预测误差会影响公司盈余管理行为，说明对我国上市公司而言，也存在着为迎合盈利预测而实施盈余管理的行为。

（二）对经营决策的影响

由上述分析可知，业绩预告具有契约性。为了避免由于预告偏差过高引起的处罚成本,或者通过在投资者与分析师中建立良好披露形象进而影响市场价格和市场流动性,管理层公开披露的业绩预告会无形中对管理层产生约束力,管理层在实际经营活动中,必然要考虑实际业绩与预测数出现重大偏差可能带来的损失;如果这种损失相对较大,管理层除了采取收益管理等措施外,也会愿意采取某些对业绩有益、对股东有益的方式,比如,根据市场作出有利于公司发展的经营决策以引导或者修正市场的预期和态度。所以在信息不对称的情况下,业绩预告能够在一定程度上起到约束管理层行为、降低道德风险的作用。另外,管理层也可能会利用对利润的操纵能力,为达到预告值而选择非最优项目。例如,程梅等(2005)发现规律的预测披露者的研发投入明显少于不规律的预测披露者,而且前者长期的收益增长率也明显低于后者。

三 对公司微观经营环境的影响

(一) 降低诉讼风险

信息披露理论认为管理层在诉讼风险威慑下会增加信息披露并提高信息披露质量,以纠正市场的不正确预期,从而避免股东诉讼。在不同信息的披露上,曹和那瓦压那莫斯(2005)发现面临高诉讼风险时,管理层在掌握坏消息时比掌握好消息时更可能进行业绩预告披露,掌握好消息的管理层会考虑到诉讼风险,进行披露的可能性相对较小。而布朗等(2005)报告,当公司面临高诉讼风险时,无论其掌握的是好消息还是坏消息,管理层均倾向于披露业绩预告。然而在控制诉讼风险水平后,掌握坏消息的公司明显比掌握好消息的公司更可能进行预测披露。

业绩预告的披露可以在一定程度上改善投资者和管理层之间的信息不对称,使投资者对公司未来的盈利状况作出合理的预期和稳健的投资决策,降低公司的诉讼风险。另外,业绩预告的披露使上市公司会计信息披露更完整，也提高了会计信息披露的质量，有利于加强投资者对上市公司在关联方资金占用、违规担保、公司委托理财等的监管，约束管理层的行为，一定程度上能降低上市公司的诉讼风险。

（二）降低资本成本

巴里和布朗（Barry and Brown，1984）认为当公司信息披露不充分时，投资者在未来收益的预测中将承担更多风险，如果这些风险不能分散，投资者将会因承担了信息风险而要求获利更多的回报，从而提高公司资本成本[①]。相反，对于信息披露质量更高的公司，投资者承担的信息风险较低，其要求的风险报酬也较低，从而降低公司资本成本。理查德·兰伯特等（Richard Lambert et al.，2007）也通过建立理论模型得到相似的结论。代理问题研究也指出，信息越透明、治理效果越好的公司可通过改善经理决策或通过减少经理为自己牟利的投资来提高自身价值，这对资本成本也会产生间接的影响。另外，良好沟通状态与信用评级都能降低债务成本。

精确度与准确性高、及时性强的业绩预告被认为具有较高的可信度，使投资者及证券分析师对公司财务状况与未来收益作出精确判断，更有利于减少信息不对称程度，降低买卖价差，促进股票流动性，从而降低资本成本。一些研究对预测披露与资本成本间的关系提供了证据。科勒和约恩（1997）在证明了管理层预测信息披露能有效地降低股票市场信息不对称的同时，成功检验了管理层预测的资本成本降低效应。弗兰克尔等（1995）也发现预测披露频率高的管理者更受市场青睐，更有机会接近资本市场，这与业绩预告能够影响企业权益融资的间隔期观点一致。

---

① Barry, C. B. and Brown, S. J., "Differential Information and the Small Firm Effect" *Journal of Financial Economics*, Vol. 13, 1984.

(三) 建立良好披露形象

上市公司管理当局若能提高和保持其业绩预告的准确性、精确性和及时性，对于证券市场投资者来说，表明公司财务状况稳健、运营情况良好以及管理层诚信度高等。这一行为能够为公司在股票市场中树立良好的形象，吸引更多的投资者投资以及潜在投资者和分析师的关注。另外，管理层积极的业绩预告披露行为也会让投资者认为，管理层对公司的经营具有很好的控制力，管理层完全掌握了公司内部及未来经营有关的信息，并有信心实现预测中的收益值及未来现金流量，在市场上形成一种有序的经营形象。正如印象管理理论所说，上市公司可以通过业绩预告的披露来传递积极信号，树立公司的良好披露形象。

格雷厄姆等（Graham et al.，2005）研究中超过90%的被调查者认为，建立准确而透明的信息披露形象是他们进行自愿性披露的主要动机之一。赫顿和斯托肯（2007）发现在预测准确性上有着良好声誉的公司，其好消息的价格反应强于其他公司。

第六节 管理层业绩预告的监管

由于信息不对称，在市场交易发生前后可能会发生"逆向选择"（adverse selection）和"道德风险"（moral hazard），导致市场失灵。单纯利用市场机制难以缓解信息不对称问题，这就使通过政府管制以缓解信息不对称问题显得相当必要。信息供应的垄断是现实世界中政府管制者所必须处理的垄断之一[①]，而资本市场中信息不对称所引发的严重的激励机制问题大大地增加了政府管制的

---

① 政府管制处理的另一类垄断是产品供应的垄断。

难度。

一 财务信息披露的监管模式

证券监管机制是国家对证券市场运行所采取的管理体系、管理结构和管理模式的总称,财务信息披露监管是市场证券监管的主要内容。公认的市场证券监管模式有三种:集中立法型监管模式、自律型监管模式、中间型监管模式。

(1) 集中立法型监管模式。政府通过指定和实施专门的证券市场管理法规,并设立专门的全国性证券监管机构对证券市场进行统一管理。美国是集中立法型的典型代表,此外还有日本、加拿大、韩国、巴西、埃及等国。集中立法的监管机制强调立法管理,具有专门的、完整的、全国性的证券市场管理法规,并设立统一的、全国性的证券监管机构承担监管职责。在这种模式下,专门的立法统一了监管的口径,并且统一的监管机构和严密的立法使监管更代表公众利益。

(2) 自律型监管模式。政府通常不制定专门性的证券监管法规,也不设立全国统一的证券监管机构,较少干预证券市场,证券交易所是信息披露的中心。证券市场的监管主要依赖自律机构如证券交易所、证券商协会及注册会计师协会等的规章制度,以及自律组织、市场参与者的自我管理。自律组织依靠法律赋予的地位,利用内部规则、道德力量有效地管理着整个证券业。自律监管专业性强,但缺乏独立性和执行力。英国是这类监管的典型,此外还有荷兰、爱尔兰、芬兰、瑞典、新加坡等国。但英国在1986年颁布了《金融服务法》,1997年成立单一的管制机构——金融服务局,形成了政府主导与市场自律相结合的监管体制。

(3) 中间型监管模式。这种模式介于上述两者之间,既强调集中统一的立法管理,又注重自律约束。德国是中间型监管模式的主要代表，其把证券业与银行业融于一体，中央银行对参与证券业的商业银行进行管理。德国于 1993 年制定《内幕交易法》和《持股信息新规则》，并于 1994 后成立证监会。因而信息披露监管既有"立法管理"成分，也有"自我管制"色彩。

我国在借鉴各国信息披露监管经验的基础上加以融合，采用以证监会的统一管理为主，以沪深交易所的监管为辅的政府监管模式，具体而言，政府通过制定和实施专门的信息披露法规，并设立全国性证券监管机构来统一管理，由证监会、证券业协会、证交所和注册会计师审计组成。证监会依法对证券业、证券市场进行全面管理。如我国在 1993 年 4 月颁布的《中华人民共和国股票发行与交易管理暂行条例》及 1998 年 12 月颁布的《中华人民共和国证券法》就是借鉴美国的《证券法》和《证券交易法》，将发行市场与交易市场的规范统一体现在一部立法中。与此同时，我国也参照英国的做法，如 1993 年 12 月颁布的《中华人民共和国公司法》，也对会计信息披露予以规范。除上述基本证券立法之外，我国还分别就会计规范和审计规范制定《中华人民共和国会计法》和《中华人民共和国审计法》，最终形成了包括基本法律、行政法规、部门规章和自律性规则四个层次的信息披露监管体系。

二 业绩预告信息披露的监管内容与手段

由于业绩预告信息具有不确定性，监管部门就不应该按照对历史信息要求的披露标准，来强制要求披露业绩预测信息。不管在哪种披露制度下，如果公司的预告值与实际盈利出现差异，监管部门应对其如何定性？是否要求强制审计？企业应承担怎样的法律责任？这些都是法律、法规在规范业绩预告信息披露中应明确的问题。

（一）专业规则监管：强制披露或自愿披露

会计信息管制作为一种现实的行为，蕴含着信息披露规则制定者对相关理论的理解以及对所处环境的分析与把握。不同时期、不同国家（地区）投资者对盈利预测信息的需求、供给者供给能力和意愿及其与市场经济具体情况的不同组合，导致了各国（地区）具有不同的预测性盈余信息披露规则。

自愿披露与强制披露组成上市公司的信息披露框架，自愿披露是强制披露的扩展与深入。强制披露支持者往往从盈利预测信息需求方出发，强调强制披露可以确保投资者及时获得未来盈利信息。但若未来盈余信息涉及商业秘密或其披露影响企业及管理者利益时，即使是在强制披露制度条件下，管理层也可能操纵披露从而影响盈利预测信息质量。自愿披露的支持者从信息的供给方出发，认为管理层应拥有披露企业未来业绩的选择权，自主决定是否承担相应的成本及责任。另外，由于预测盈利存在困难，不应当逼迫企业承担因预测不准确而导致的责任风险。

从一个国家内部或法律制度的角度看，自愿性信息披露和强制性信息披露的内容是互补的，同时，这两种方式也可以相互转换。然而，不同国家的经济、政治、法律和社会环境大相径庭，导致了各国在信息披露监管方面的差异，同时也造成各国自愿性信息披露方面的差异。美国对盈利预测信息选择自愿披露具有必然性与充分性，美国证券市场相对成熟，法律也较为健全，市场参与者在用完善的法制来消除证券市场信息不对称所造成影响的前提下，依靠充分的竞争，产生足够信息以保证市场高度有效。市场参与者对盈利预测信息的强劲需求刺激着管理层与市场分析师披露盈利预测信息。

即便是自愿披露，上市公司如果拖延公布，市场的反应也是"凶多吉少"。这就是市场的监督作用。但是市场监督至少还有两个前提，一是投资者知道管理层一直进行信息披露。在我国，上市公司没有发布业绩预告的传统，监管部门也没有强制要求所有公司必须发布业绩预告,显然这一前提是不具备的。二是投资者素质较高,能够对信息作出理性和正确的反应。若缺乏必要的前提条件,市场的监督作用显然也就失效了,管理层披露业绩预告信息的动力明显是不足的。纵观我国证券市场发展现状,仅靠市场本身力量来自我约束还远远不够,因此需要政府监管部门出台强制性的披露规则要求企业提供预测信息,尤其当一个"安静"的管理者被认为其具有故意隐藏某种坏消息的倾向时。

因此,在我国这类仍不成熟、法规还有待完善、有效性弱的市场上,上市公司披露业绩预告的积极性不高,选择性披露现象较多,如果完全采取自愿性披露的方式,业绩预告制度很可能难以发挥作用。因此,应当以强制性披露为主,另外鼓励自愿性披露。目前,我国对于业绩预告实行的正是半强制性披露,即只有属于业绩预告制度要求范围内的公司需要强制披露公司业绩预告,其他公司可自行决定是否披露相关公司业绩预告。这种自愿与强制相结合披露的监管方式有利于投资者及时获取公平的信息,并且对预告信息的可靠性也有了一定程度的保障,较大限度地改善了证券市场上信息不对称的状况。

(二) 日常监管:是否强制审核

盈利预测信息审核是信息披露日常监管制度中一项十分重要的内容,审核的目的是保证盈利预测信息的合理性。不赞成强制审核的理由:盈利预测信息所依据的基本假设并非属于注册会计师的专业领域;赞同强制审核的人则从信息使用者的利益出发,认为如果不进行审核,盈利预测信息很可能成为管理层操纵信息披露的工具。对"是否赞成由会计师审阅财务预测信息"这个问题,卓敏枝(1999)的问卷结果表明,台湾方面赞成者占63.28%,而大陆方面的投资者中的赞成者达74.41%,且绝大多数投资者认为会计师具有进行该项审核活动的能力,对会计师应提供的保证上,两岸投资者皆认为会计师应收集充分适当、确切的证据，作为表示意见的基础，对预测假设的合理性也应提供某种程度的保证。

由于预测并不是一项可观察的事物（如存货），而且预测对于企业来说也具有外生性，难以在预测披露当时或之后找到一个"真实的"或"准确的"（true or actual）预测值来进行比较。因此，对盈利预测的审核具有一定的难度。我国对 IPO 盈利预测信息采取的强制审核，但并不强制要求对业绩预告进行审核。而美国是赞同审核但不强制，由公司自愿选择审核方式。因为美国的盈利预测制度认为，如果盈利预测对投资人决策是重要的，则市场自然有动机去产生并传播这类信息，此种信息是否经审核无关大局。

（三）行政执法：法律责任

上市公司业绩预告是其应尽的信息披露义务，投资者主要依据上市公司披露的信息进行投资决策，因此上市公司业绩预告应当做到客观真实、恰如其分、全面充分、及时适时，而非故意欺诈、故意诱导、故意隐藏遗漏、故意迟延或提前，违反了这些要求就有可能构成虚假陈述。业绩预告中存在的虚假陈述大致包括预告内容不实、遗漏重大信息，存在误导性陈述，不适时披露等。

由于业绩预告主观性强，性质上属于预测性信息，受市场不确定因素影响较大，在法律上对是否存在主观过错的认定存在困难，因此存在上述行为的上市公司不一定会承担法律责任。如果其主观无过错，即使上市公司业绩预告中存在上述的情形，也难以追究其行为的法律责任。另外，法律归责原则要求证明违法或侵权行为与损害结果之间存在因果关系，即投资者的投资损失应当是由于上市公司不当业绩预告行为所导致。虚假陈述与损害结果之间的因果关系可以从以下几方面认定：①投资人所投资的是与虚假陈述直接关联的证券；②投资人在虚假陈述实施日及以后，至披露日或者更正日之前买入该证券；③投资人在虚假陈述披露日或者更正日及以后，因卖出该证券发生亏损，或者因持续持有该证券而产生亏损，上市公司应承担民事赔偿责任。

根据我国最高人民法院《关于审理证券市场因虚假陈述引发的民事赔偿案件的若干规定》相关规定，投资者通过诉讼形式向业绩预告不合规上市公司进行索赔的前置条件是：信息披露人因虚假陈述受到行政处罚或被法院宣判有罪，但并不包括其受交易所的谴责或批评。因此，信息披露人受到处罚既是投资者提起民事赔偿诉讼的前置条件，也是证券民事赔偿案件中进行一系列事实认定的基础。

上市公司业绩预告不合规除可能招致投资者民事诉讼并承担相应赔偿责任外，交易所还分别对业绩预告不实的公司制定了处罚制度。在年度报告中，如果公司本年度利润实现数与预测数的差异低于利润预测数的10%或高于利润预测数的20%，应当详细说明产生差异的项目和造成差异的原因。根据上市公司年度业绩快报或年度业绩预告与最终披露的年度报告数据差异情况，深交所作出其披露等级不得为A，情节严重的可被评为C或D的规定[①]。2011年，深圳证券交易所要求创业板上市公司业绩预告、业绩快报与定期报告披露的财务数据存在重大差异的、应披露而未披露或披露时间滞后，且情节严重的，将予以公开谴责。

三 美国的监管经验

在以美国为代表的西方国家的发达证券市场中，对于盈利预测信息披露采取了非强制性的披露制度。上市公司管理层可以自愿披露盈利预测信息，但一旦对外界披露则需要遵守具体的规范要求。但SEC在盈利预测信息披露的问题上给予管理层的选择权仍非常

---

① 深圳交易所：《深圳证券交易所上市公司信息披露工作考核办法（2011年修订）》。

大。事实上，有人对 SEC 是否有采取监管措施表示怀疑，例如，彭曼（Penman，1982）① 提供证据证明，在公开管理层盈利预测之前，内部人已经利用资本市场获取了相当大的利润，这样的盈利预测行为已经相当明显地违反了联邦证券法。因此，他认为，SEC 可能采取的惩罚措施对于这类行为所起到的威慑作用还是不够的，不足以控制预测信息的质量。

成熟的资本市场更多的是依靠市场机制来进行监管。其一，当上市公司管理层出于保护商业机密的考虑，可能不愿主动揭示精确的盈利预测信息，高素质投资者与财务分析师的存在则有效地解决了这个问题。一般来说，在竞争市场上，"无消息即是坏消息"。如果管理层将有价值的信息藏而不报，投资者的反应是做"最坏的准备"，卖出股票或撤单。其二，高度有效的财务分析师市场也会为市场提供竞争性的收益预测信息，为了保持良好、积极的披露形象或者调整分析师的预期，管理层会作出相应的披露策略调整。其三，每当公司盈利预测高于实际实现状况时，哪怕是很小的差别，都会很快引起公司股票价格的下挫并且遭到证券分析师的指责；如果差异很大，往往会引起股东对公司的起诉，其理由多是不实陈述或误导性陈述甚至欺诈。美国证券市场正是通过股价、证券分析师以及心怀不满的投资者机制实现对盈利预测的监督，其体现的是市场倾向的监督机制。

四　盈利预测信息披露的"安全港"规则

对于盈利预测的监管方，一方面必须鼓励上市公司向投资者提供充分的预测性信息，让市场价格更好地反映证券价值，提高市场

---

① Penman（1982）以 1968—1973 年披露管理者盈余预测信息的美国上市公司为样本，对内部人是否会利用盈余预测信息披露时间择机交易以获利进行研究。结果发现，当管理者的盈余预测是好消息时，公司内部人会提前大量买入本公司股份，盈余预测是坏消息时则抛售公司股份。

有效性；而另一方面在对不实预测性披露者施以法律制裁时，不能损害诚实信用和善良披露者的积极性和动力，这便要求证券法律通过制度设计达到合适的平衡点。在这方面，可以借鉴美国的"安全港"制度与"判例法"中的预先警示理论[①]。安全港规则是美国为公司披露前瞻性信息而专门设计的免责制度，其目的在于既保护投资者获得信息的权利，又保证诚实披露前瞻性信息的公司免于无谓的诉讼。其中关于警示性陈述来自预先警示理论，该理论认为，如果在前瞻性陈述时使用了充分的警示性语言，并指出了可能引发的投资风险，则即使后来的事实与这些陈述不符，也不能认定为证券欺诈。

我国也有类似的"预先警示陈述"，如招股说明书准则中就规定发行人披露盈利预测报告应声明："本公司盈利预测报告是管理层在最佳估计假设的基础上编制的，但所依据的各种假设具有不确定性，投资者进行投资决策时应谨慎使用"，这种警示十分笼统，无法起到应有的作用。而在我国业绩预告披露规则中，尚没有预先警示陈述的要求，也没有"安全港"等免责制度。随着我国法制化进程加快、投资者日益成熟，避免上市公司为主观无过错的业绩预告而承担责任，业绩预告制度也应借鉴安全港规则，为上市公司提供"安全"的预告环境。

---

① 本书将在第三章详细介绍该规则。

第三章

中美业绩预告制度变迁及我国披露现状研究

本章主要通过梳理美国与我国业绩预告制度形成与发展历程,在分析我国上市公司业绩预告披露现状基础上,对我国现有制度进行评价,以期对未来制度完善提供参考。

第一节 美国盈利预测披露制度变迁

SEC 目前"鼓励管理层就未来经济业绩作出有合理依据且以适当格式予以说明的预测"①。这说明美国证券市场对预测性信息(forward-looking information)的意义与作用已经达成了较为一致的认识,但这之前却经历了一个相当曲折的演变过程。在近四十年中,美国对盈利预测披露的监管态度发生了四次明显的变化。

一 1973 年前禁止披露阶段

早在 20 世纪 40 年代美国理论与实务界便对预测性财务信息披

---

① 《非财务信息披露内容与格式条例》(S-K 条例)项目 10(b)。

露问题进行过专门研究，直至1973年以前，SEC仍禁止将各种预测类信息包含在《1933年证券法》和《1934年证券交易法》的申报材料中。他们认为，第一，上交SEC文件的相关对象是无经验的投资者，为防止无经验的投资者对各种预测产生不当的依赖，以及经理们利用投资者的弱点，对预测信息进行操纵（排除预测是合理的）、蓄意欺诈以骗取投资者的资金，因而应禁止这类信息的披露；第二，SEC认为预测性信息并非"事实"，因此存在内在的不可靠性；第三，投资者和经理一样，具有根据已有信息对公司业绩进行预测的能力。另外，预测性财务信息的可靠性受到学者们的广泛置疑，他们认为公司管理层披露的财务预测无论如何也不会是真实的，因为"没有哪家公司的管理者准备去亏钱，如果真要亏钱，他们将会马上被撤换"。

但在众多证券分析师的建议下[①]，SEC成立了一个披露政策小组（Wheat Commission）对一些披露问题进行研究，其中就包括是否应允许在呈报SEC的文件中出现预测性信息，或者是否应该强制披露这类信息。1969年，Wheat Commission向SEC提交研究报告（Wheat Commission's Report），认为虽然对未来盈利的估计是大部分投资决策的基础，但放开对预测性信息披露的限制将带来"诉讼危险、更新义务和投资者不正当依赖的风险"，这类信息披露所能带来的利益无法弥补解禁的代价[②]。SEC也赞同Wheat Commission的观点。但SEC的这种排除政策在20世纪70年代早期受到了严厉的批评，其中最具有影响力的批评者是克荷马·克里普柯（Homer Kripke）教授，他认为SEC的该项政策"毫无意义""同公众相比，

[①] 证券分析师建议SEC允许公司在发行章程（prospectuses）或其他文件中披露前瞻性的信息，如销售与收入等。

[②] Securities and Exchange Commission, (Release Nos. 33 – 7101; 34 – 34831; 35 – 26141; 39 – 2324; IC – 20613), File No. S7 – 29 – 94; Safe Harbor For Forward-Looking Statements, http://www.sec.gov/rules/concept/fwdinfo.txt.

公司管理层肯定更有能力理解公司发生的复杂会计事件的含义、结果和影响，或不同产品线销售量和盈利能力不同改善或下跌比率"。①

二 1973—1995年制度形成阶段

在 Wheat Commission 向 SEC 提交研究报告之后，SEC 对这个问题的研究从没间断，其在 1972 年召开多次听证会②来决定是否取消对这类信息披露的限制。在听证会讨论的基础上，SEC 在 1973 年早期发布了"未来经济表现预测披露的申明"（Statement on the Disclosure of Projections of Future Economic Performance），决定对预测性信息不要求进行强制披露，但同意将预测性信息披露纳入整个信息披露系统中来，由发行人自行选择是否披露③。同时，决定设立一种制度以使这类信息的自愿性披露不受制于民事反欺诈法律责任，这表明 SEC 不再禁止但也并不意味着明确鼓励预测性信息的披露。考虑到重大预测性信息虽然没被包括在呈报 SEC 文件中，但这类信息仍然可以从市场中获得，这是产生这种观念变化的主要原因④。为具体执行 1973 年的政策公告，SEC 在 1975 年 4 月公布了一系列的措施建议，例如，要求提交 8-K 文

---

① 参见［美］路易斯·罗思、［美］乔尔·赛里格曼《美国证券监管法基础》，张路等译，法律出版社 2008 年版，第 133 页。

② 当年的听证会有 53 名见证者参与，并且收到了 200 多份意见书。大部分的意见书来自证券发行人，他们建议 SEC 应要求发行人披露前瞻性信息。

③ Securities Act Release No. 5362 (Feb. 2, 1973)。SEC 最初要求强制性地将这类信息包含在年度报告中，其中起码应包含预测的假设基础。同时，AICPA 也成立了一个专门委员会（Financial Forecasts and Projections Task Force）向审计师提供预测信息审计的指南。但专业人士与学术团体均对此表示反对，因此 SEC 走向另一个极端，即将披露的选择权交给企业。

④ 这类信息很大程度上是一种不完全公开、不公平的、选择性的披露，财务分析师是其中最重要的受众。Lees（1981）通过对公司经理与市场分析师的调查也证实，选择性披露在当时非常普遍。政策改变的另外一个原因是，当局已经认识到股价反应的是对未来收益的期望，因此，盈利预测是具有有用性的。

件、修订10-K文件、制订新的规则132及3b-6以提供"安全港"保护、要求在年度报告中向股东披露在10-K文件中披露的预测信息等。但不幸的是,SEC此阶段的一系列措施遭到市场的反对,最终均以失败结束。

尽管如此,SEC仍坚持自己的观点:"投资者需要管理层对公司未来业绩的估计信息"[①],并不懈地对预测性信息披露问题进行研究,于1976年成立"公司披露顾问委员会"(the Advisory Committee on Corporate Disclosure)以评价公司融资监管部(the Division of Corporation Finance)披露政策的合理性,其中当然也包括公司预测性信息披露政策问题[②]。该委员会通过召开公开会议及案例研究,在考虑预测信息所带来的成本与收益的基础上提出建议。公司披露顾问委员会在1977年11月3日发布了《萨默尔报告》,认为"证券交易委员会应该签发公开声明,鼓励公司在申报证券交易委员会和其他地方的文件中自愿披露管理层的预测。为了使该计划对注册人的吸引力最大化,委员会建议公司发布预测的范围可以很广……"。该委员会在研究报告中提出的意见主要包括以下三个方面。

第一,由于SEC在确定该类披露监管框架的范围时缺乏经验,因此,委员会建议尝试(on an experimental basis)鼓励预测性信息的披露。这样,自愿性的披露有助于SEC评价该类信息对投资者的有用性及信息提供者为此所承担的成本。如果预测性信息披露最终被证明对投资者有利,那么,促使发行人进行该类披露的应该是市场的力量而非法规的强制力。

第二,委员会建议SEC建立"安全港"制度,以保证善意的、有合理基础的预测性信息披露受到保护。同时,"安全港"制度适

---

① SEC, "General Views of the Commission", Release No. 33-5699.
② SEC, Exchange Act Release No. 12454 (May 18, 1976).

用于所有的注册人，而不论其规模及披露历史。预测性信息被要求与警示性提示相伴，清楚说明预测的性质，并提醒投资者不应过分依赖。鼓励但并不要求披露预测假设①，并且委员会认为应鼓励而并不要求公司对实际结果与之前的预测进行比较，并说明重要差异的原因。

第三，对于应该披露的信息类别，委员会相信，应当给予公司更多的选择权，让他们可以灵活地选择，但不能允许他们仅披露对自己有利的消息（favorable items）。并且，委员会建议由第三方对预测进行审核，要求披露该第三方的资格、审核范围及与发行人的关系。

SEC总体上被该报告的分析所打动，在1978年早期发表声明，将正式考虑顾问委员会关于安全港的提议。同年，SEC发布了两个预测性信息的"安全港"规则方案的征求意见稿②，在分析所得的90多份反馈意见的基础上，SEC在1979年中期采用了《证券法》Rule 175与《证券交易法》Rule 3b-6③，通过了"安全港"规定，为在向SEC递交文件中披露的、Rule 175中列举的预测性信息提供保护，保障正当预测性信息披露不受民事责任追究。规定"前瞻性说明"不是"欺诈性说明"，认为公司预测性信息和分析性信息的披露对正确评估公司价值至关重要，如果公司出于善意地披露前瞻性信息则将被免于法律诉讼。1982年，SEC取消了1978年指引，将其主要内容安排到S-K条例项目10b中，同样，项目10b也是劝告性的。虽然SEC随后对安全港条款进行多次技术修订，但其基

---

① 顾问委员会的理由是：第一，由于该项目的实验性，因此应尽量减少强制性披露的项目；第二，为了尽可能地鼓励更多的发行人使用安全港规则，委员会认为规则应尽量简单以方便遵守。

② 一个根据顾问委员会提议制定的顾问委员会版本，另一个由SEC制定。

③ 两个条款内容大致相同，不同之处仅在于规则175是针对《1933年证券法》制定的，适用于证券发行阶段；规则3b-6是针对《1934年证券交易法》制定的，适用于证券交易阶段。

本要素一直保持不变①。通过以上分析可见，在此阶段已基本形成以鼓励为主、强制为辅的预测性信息披露制度②，并由 SEC 规则（Rule 175）为自愿性的预测性信息披露提供安全港保护。

三　1995 年强化法定"安全港"规则与预告警示原则

目前，预测性信息披露不但受到鼓励，而且还被认为"有助于保障投资者并且符合公众利益"。然而，《揭示预测经营业绩的指南》和《保护预测安全港规则》中所规定的"合理基础"和"善意"均建立在主观性标准之上，缺乏准确的定义，并且举证责任在被告方，所谓的"安全港"规则并没给发行人带来"安全"，并未有效地防止持股人滥用诉讼权利，没有实质性地减轻发行人的潜在诉讼风险，它仅仅能够在发行人经历了漫长和昂贵的诉讼程序之后提供一些保障。在经过 5 年的实际动作后，SEC 也不得不在 1994 年承认一个许多公司和投资者长期以来已经意识到的问题，即"安全港规则并没有实现它的职能"③。另外，投资者反映该规则"可能提供发行人理论上的保障措辞，但却没有有效地阻止每当合法的预测没有实现时，总有无理由诉讼产生的威胁"④。

随着 20 世纪 80 年代和 90 年代早期前瞻性信息诉讼的不断增加，SEC 和国会又重新开始关注"安全港"规则。有鉴于此，美国国会在 1995 年 12 月 22 日又通过了 PSLRA，在一定程度上采用了判例法上的"预先警示原则"（Bespeaks Caution Doctrine），规定了

---

① 修订的时间分别为 1981 年 2 月 9 日、1981 年 2 月 17 日、1981 年 3 月 27 日、1982 年 3 月 3 日与 1992 年 7 月 30 日。

② 依据 SEC 规章 S-K 第 303 项"管理层对财务状况和经营结果讨论和分析"所规定的披露义务对前景性信息采取强制披露，而狭义的预测性信息则由管理层自愿披露。

③ Invertor Protection through Better Disclosure, Keynote Address by J. Carter BeeseJr, Commissioner, Association of Publicly Traded Companies, 1994 Gobernment Relations Conference, Wasington. D. C. June 6, 1994.

④ Letter from the California Public Employees Retirement System to SEC, February14, 1995.

预测性信息披露的免责制度，对"安全港"制度进行了修正，强化并确立了法定"安全港"规则，以减轻预测性信息披露者的潜在诉讼风险，减少了无理由的诉讼。

改变10b-5规则项下民事诉讼的起诉方式、抑制缺乏法律根据的诉讼是美国国会制定该法案的主要目的。该法的内容基本上以程序问题为重心，对10b-5规则项下的实体责任没有大的改变。该法对证券民事诉讼的改革主要有：

第一，PSLRA拓宽了安全港规则的保护范围，该法案下的预测性信息除了SEC规定的Rule 175[1]项下四个方面外，还包括发行人所聘请的外部评价人士对预测性陈述所作出的评价报告，SEC保留了进一步通过规则认定预测性陈述具体形式的权力。

第二，规定了"安全港"规则的两个基本构成要件。一是关于与预测性信息相伴的警示性提示。这一要件的核心是：有意义的警示性陈述的标准是什么？该法案强调，"一般性警示并不足以构成有意义的警示性陈述"[2]，警示性陈述必须传递实质性信息，反映可能会导致实际结果与预测信息严重不符的因素。因此，一般性陈述例如"不能保证某一特定预测会确实发生"并不能构成有意义的警示性陈述，因为它必须针对具体的未来预测、估计或意见而言。另一要件是关于预测性信息陈述人的心理状态——心理确知（actual knowledge）要件，该要件由美国第九巡回法院在Apple Computer一案中确立[3]。在这一要件下，发行人或者其他相关人士在预测性陈述没有实现时不必负责任，除非原告能够证明以下两者之一：一，如果该陈述是由一个自然人作出的，该自然人在当时确知该陈述是虚假或误导的；二，如果该陈述是由一个经济实体作出的，该陈述

---

[1] 1979年的"安全港"规则仅适用于上报SEC文件中的书面陈述。
[2] The House-Senate Conference Committees Conference Report, H. Rep. No. 104-369.
[3] In Re Apple Computer Sec Litig. 886 F. 2d. 1109, 1113 (9th. Cir 1989).

得到公司执行官的许可,而该执行官在当时确知该陈述是虚假或误导的①。

第三,加重了原告在证券欺诈诉讼中的举证责任。根据 1934 年证券交易法 3b-6,原告只需证明被告具有某种形式的过失,而 PSLRA 法案却要求原告证明被告对不实陈述的确知心理状态。为保证 PSLRA 的贯彻实施,美国国会又通过了《1998 年证券诉讼统一标准法》以防止持股人规避 PSLRA,进一步完善了对善意预测性信息披露人的保护。

在前期已形成的基本模式下,PSLRA 法案修正了安全港制度,其中的各项措施②进一步强化了"安全港"制度对预测性信息陈述人的保护。另外法院通过判例确定的预告警示原则也使诚实而善良的发行人及其相关人士开始积极地披露预测性陈述,向投资者提供一种站在公司内部管理者角度看待未来的崭新视野,同时却又不必为事后不能实现自己的陈述而胆战心惊,体现了《证券法》鼓励预测性陈述披露的宗旨。

四 2000 年通过公平披露规则加强投资者保护

美国资本市场信息披露体系自建立以来一直将投资者保护作为出发点,至 20 世纪 70 年代中后期开始进行了调整,制度设计逐渐增加方便注册公司筹集资本的安排。虽然此时监管变得相对宽松,但投资者保护始终是监管当局未曾放弃的首要目标。监管当局一方面在方便公司筹资的规则中作了有利于投资者保护的制衡性安排,另一方面,在逐渐增加方便公司筹资的制度设计的同时,以保护投资者为目的的新的信息披露要求也不断出台。这就是 2000 年的 Reg. FD 规则出台的监管背景。

---

① Securities Act § 27 (A) (C) (I) (B); Exchange Act 21E. (C) (I) (B).
② 其他措施包括引入主要原告制度以限制"职业原告"及设定起诉书限制等。

选择性披露是指证券发行人在未向一般公众公开披露之前向特定的个人或机构（常指证券分析师或机构投资者）披露一些重大信息（例如盈利结果预警或对预测的盈利结果的确定）的行为。选择性披露无疑会导致市场的严重不公平，降低公众投资者的信心。选择性披露与普通的暗示（Tipping）和内幕交易[1]具有一定的相似性，都有一些特别的人凭借着特殊的关系，而非他们的能力、技巧、敏锐和谨慎，从公司内部人处获得信息从而取得获利的优势。所以，在 Reg. FD 规则出台前，选择性披露因为其法律性质远不如内幕交易明确，由其带来的法律问题是：选择性披露是否会因违反内幕交易法而受到民事与刑事处罚。早期的内幕交易案例要求交易者对公司的信息有平等获得的渠道，并指出：将重大信息选择性地披露给证券分析师将会导致内幕交易责任。但是这一做法受到美国最高法院在 Chiarella v. United States 和 Dirks v. SEC[2] 两案中的判决所影响，致使因向证券分析师提供重大非公开信息而被认定为内幕交易的案件几乎没有出现过。由于这一法律认定上的不确定，上市公司将诸如盈利预警等重大非公开信息在正式公开之前向分析师或机构投资者披露的做法时有发生，且愈演愈烈[3]。

SEC 出于对市场上频频出现选择性披露的担忧，在 2000 年 8 月 10 日通过了 Reg. FD 规则，并于同年 10 月 23 日生效，禁止上市公司通过选择性披露，向特定财务分析师、机构投资者等披露重要的非公开信息。Reg. FD 规则适用于"重大非公开"信息的选择性

---

[1] Tipping 又称"内幕泄露"，指内幕人员选择性地向另一方披露重大的、不公开的信息，另一方随后根据该信息从事证券交易。美国资本市场内幕交易法律体系的基石是 1934 年《证券交易法》第 10 条 b 款及 SEC 在 1942 年据此制定的 10b-5 号规则（Rule 10b-5）。其中规定内幕交易属于隐瞒重大信息，是证券欺诈的一种，行为人将承担民事乃至刑事法律责任。

[2] 在 Dirks 案中，公司将重大非公开信息向证券分析师披露，法院的判决却认为：只有在内幕人从将信息披露给证券分析师这一行为中获得"个人利益"时才会产生内幕交易责任。

[3] 参见齐斌《美国公平披露规则的立法及其实施》，载郭锋《证券法律评论》，法律出版社 2003 年版，第 353 页。

披露，但 SEC 并没有给出"重大"的定义，其确定方法只是依靠已经确立的判例。在此后的两年内，SEC 对规则的实施进行了多次调查和讨论，并在 2002 年的调查报告中阐述了它对诸如"重大性""非公开""故意"和"放任疏忽"等主要概念的理解和倾向。

监管当局并没有要求企业披露盈利预测信息，其披露与否由管理层决定，属于自愿性信息披露内容。在 Reg. FD 规则出台之前，市场中的证券发行人经常利用盈利预测的自愿性披露性质进行选择性（披露时间与对象）的披露，因此，该类信息已经成为企业选择性披露的重灾区。SEC 在"重大"信息的指引性意见中列举出了几项需要审查的信息，盈利状况信息便是其中之一。另外，发行人对证券分析师就盈利预测的各类指引在市场中十分常见，SEC 对这是否违反 Reg. FD 规则持有的观点是：如果发行人的职员私下与证券分析师讨论关于盈利预测的任何指引，那么他将面临高的违反 Reg. FD 规则的风险。市场曾经质疑 SEC 是否会依据 Reg. FD 规则对选择性披露采取制裁行动，2002 年 11 月 25 日 SEC 首次针对违反 Reg. FD 规则的几起案件进行处罚打破了这一猜测。Raytheon 公司案（案号：Release No. 34—46897）中，当时的 CFO 凯恩（Caine）被认定在一对一的交谈中选择性地向分析师披露季度和中期盈利状况的指引，而在其后的投资者会议中未提供季度每股盈余指引，SEC 认定其行为是故意的，且提供的信息是重大而非公开的，因而对 Raytheon 公司与凯恩进行了处罚。

Reg. FD 规则的实施无疑会改变管理层盈利预测披露的意愿、内容、时间及方式。学者对 Reg. FD 规则实施前后市场公开披露前瞻类信息频率和数量的变化情况进行研究，并据此判断前瞻类信息披露环境的改善程度。不少研究发现 Reg. FD 规则的实施对公开披露信息环境具有正面影响：与公司盈余相关的自愿前瞻性信息披露量和信息披露频率显著增加（Heflin et al., 2003）；举办新闻发布会的公司和举办频率显著增加（Lee et al., 2005）；大中型公司盈余预告信息的披露大幅增加（Gomes et al., 2006）。另外，贝利等（Bailey et al., 2003）的研究则发现，Reg. FD 的实施对自愿性信息披露的影响存在期限结构，即上市公司对当期盈余信息的披露的确增加了，但对未来盈余的披露却有所下降。实施该规则对盈利预测披露的影响结论不一，但对于规则本身而言，可以清楚地看到美国资本市场信息披露系统虽然在其发展过程中出于方便公司筹集资本和促进经济发展等因素的考虑增加这方面的制度设计，但投资者保护始终是监管当局的首要目标。Reg. FD 的实施有利于形成良好、公开的信息披露环境，有效地避免盈利预测的选择性披露，造成资本市场的不公平。

通过以上法规的建设，美国的预测性信息披露制度已形成了一个以"安全港规则"和"预先警示原则"为主要特点，以"自愿披露"为主要精神的完备、高效的信息披露体系。其监管体系主要包括以下几方面内容：第一，对预测性财务信息内容的界定；第二，前瞻性信息和预测性信息的区分标准的确立；第三，"安全港"规则的确立；第四，建立起相对完善的财务预测准则和制度。

第二节 我国业绩预告制度变迁及披露现状

一 我国业绩预告制度发展历程

为了让投资者预先了解公司的盈利状况，有效降低内外的信息不对称程度，提前释放业绩风险，证监会在 1998 年 12 月 9 日公布的《关于做好上市公司 1998 年年度报告有关问题的通知》中推出了预亏公告制度，要求"如果上市公司发生可能导致连续 3 年亏损或当年重大亏损的情况，应当根据《股票发行与交易管理暂行条例》第六十条的规定，及时履行信息披露义务"。这一规定在1999年做好年度报告有关问题的通知中得到延续，内容基本相同。这是我国首次对上市公司盈余预告进行规定，但此时的规定非常笼统，没有界定重大亏损的情形；预告的对象也只限于亏损公司；仅要求"及时"披露，但没有规定披露的时间与所要求披露的内容。

2000年，上海证券交易所对如上所述的预亏制度进行改进，在《关于落实上市公司2000年年度报告有关问题的通知》（以下简称《通知》）中规定，"如果预计2000年度将出现亏损，上市公司应在2000年会计年度结束后两个月内刊登预亏公告；如果预计出现连续三年亏损的，上市公司应在2000年会计年度结束后两个月内发布三次提示公告"[①]。《通知》在扩大了预告公司类型范围的同时，也明确规定了发布提示公告的时间与次数要求，使业绩预告制度更加具体化。另外，《通知》中也规定，在上市公司2000年年度报告正式披露之前，如果其年度业绩已经提前泄漏，上市公司应当立即公布公司2000年未经审计的财务数据，包括主营业务收入、主营业务利润、利润总额、净利润、净资产等。这一制度要求保留至今。如果说1998年与1999年只是业绩预告制度萌芽的话，那么，该制度可以说是在2000年正式形成。在随后的多年中，业绩预告制度在预告时间间隔、预告主体与范围、业绩变化的衡量标准、豁免条件、预告的时间及形式要求等方面逐渐完善，至今已经形成了比较成熟的业绩预告体系，以下将从这些方面对我国业绩预告体系的发展历程及制度现状进行介绍。

（一）业绩预告期间间隔缩短

证监会在要求预亏及预计连续三年亏损的上市公司按要求进行公告的基础上，于2001年7月4日及2002年多次缩短业绩预告时

[①] 深圳证券交易所也发布了《关于做好上市公司2000年年度报告有关问题的通知》，在这个问题上与上海证券交易要求一致，只是各自通知里使用的语言存在差异。

间间隔,由年度报告前预告变为半年报之前预告,最后形成"前一季度预告后一季度业绩"的规则。沪深证券交易所在《关于做好2001年中期报告工作的通知》中规定,"如果预计2001年中期将出现亏损或者盈利水平出现大幅下降的,上市公司应当在7月31日前及时刊登预亏公告或业绩预警公告"。2002年3月27两所在《关于做好上市公司2002年第一季度报告工作的通知》中规定预计2002年中期可能发生亏损或盈利水平较去年中期出现大幅增长或下滑的,应在季报中作专门说明;同年6月27日,两所在《关于做好2002年半年度报告工作的通知》中规定预计第三季度可能发生亏损或与上年同期相比发生大幅变动的,应在管理层讨论与分析中予以警示;两所又于9月28日进一步要求在第三季度报告中对全年业绩进行预告,至此,"前一季度预告后一季度业绩"的预告制度得以建立。也就是说,上市公司半年度业绩预告已提前至第一季度报告中披露,如果经过第二季度的经营,公司上半年的实际情况与第一季度季报曾作的预计差别很大,则公司应及时公告并说明原因。公司同样需要在半年度报告中对当年1—9月的业绩变化进行预测。如果1—9月的业绩可能出现亏损、业绩大幅下滑或增长,公司应当在半年度报告中予以披露;同样,第三季度报告需要对全年业绩的类似变化进行预告。业绩预告间隔期间的缩短与披露次数的增加,无疑可以帮助投资者更好地掌握上市公司的业绩变化情况,从而作出理性的投资决策;另外,新制度的形成可以有效地避免个别机构投资和个人利用其与公司的"亲密接触"优先获取盈利信息谋取私利,保证资本市场信息的公正性。"前一季度预告后一季度业绩"的原则在增加信息含量的同时是否会造成信息生产过剩,也是市场各参与者应该思考的问题,也还有待实证研究检验。

(二) 业绩预告披露时间逐步稳定

2000年之前对于业绩预告并没有具体的时间要求,2000年才在规定中要求业绩预告在会计年度结束后两个月内披露，2001年更改为7月31日前刊登中期业绩预告、在年度结束后30个工作日内刊登年度业绩预告。因此，此时是对当期已经完成了生产经营活动的盈利情况、在经审计的定期报告编制完成之前进行的临时预告，是一种事后的公告，只是相对报表公布日提前了，实质仍是一种业绩估算。如上所述，自2002年开始监管层逐渐缩短业绩预告时间间隔，最后形成"前一季度预告后一季度业绩"的规则，要求在定期报告中对下一报告期的业绩进行预告或专门说明，可见业绩预告的时间已由会计当期结束后提前至上一期定期报告披露之时，是一种事前公告。并且此时预告的形式也更加多样化，除了临时公告外，还可以在季度报告与半年度报告中对下期的业绩进行公告与说明，此时的业绩预告已经具备了盈利预测的性质。要求上市公司在经营活动还没开始或完全开展的情况下预测下一会计期间的盈利情况，在执行过程中肯定会存在一定难度，披露预测信息的准确性也难以得到保证。但这类信息的披露能够提高信息透明度与披露质量，改善投资者与上市公司间的信息不对称程度，在实现投资者利益保护等方面都具有重要的意义。因此除按监管部门要求进行预测信息披露外，上市公司也存在自愿披露该类信息的动机，监管部门与投资者应该正确看待上市公司的盈利预测披露行为，积极完善预测信息披露制度，对其予以正确的监管与引导。

(三) 业绩预告主体与范围

我国业绩预告采取强制与自愿相结合的原则，属于业绩预告制度要求范围内的公司需要按照要求披露公司业绩预告，对其他公司则没有相应的规定，公司可自行决定是否披露相关的盈利预测信息。但制度中强制要求披露业绩预告的主体范围在不断扩大。考虑到公司管理层一般来说缺乏主动披露"坏消息"的动机，强制上市公司及时地披露亏损信息，有助于保证资本市场信息的公平性，同时能及时规避和防范业绩风险。市场从1998年与1999年开始要求预计连续3年亏损或当年重大亏损的公司披露业绩预告，2000年将其中当年重大亏损修改为预计年度亏损，这时的制度仅要求对公司亏损情况进行预计与公告。2001年中期报告工作安排中，除要求预亏公司预告外，还要求预计盈利水平出现大幅下降的公司进行业绩预警[①]。然而，回避风险不是投资者的目的，投资者参与资本市场主要目的是实现资本增值最大化目标。然而，"报忧不报喜"的预告制度并不能满足投资者对信息的需求，因此到2001年披露年度报告时，把业绩大幅上升增加到预告范围之中[②]，为投资者提供了比较公平的盈利信息。2002年至2006年预告类型基本保持预亏、预警及业绩大幅上升等不变，只是对于业绩大幅变动的衡量标准由原来的利润总额增减修改为"净利润或扣除非经常性损益后的净利润"。2006年7月11日深圳证券交易所发布《上市公司信息披露工作指引第1号——业绩预告和业绩快报》，增加了预计将实现扭亏为盈的公司进行预告的规定。2008年上交所在对上市公司信息披露格式指引进行修订时规定："上市公司预计年度经营业绩将出现下列情形之一的，应当在会计年度结束后一个月内进行业绩预告，预计中期和第三季度业绩将出现下列情形之一的，可以进行业绩预告：（一）净利润为负值；（二）净利润与上年同期相比上升或者下降50%以上；（三）实现扭亏为盈"。此时的业绩预告类型仍为亏损、扭亏、同向大幅上升及同向大幅下降。但从指引的用语中可以读出对中期业绩预告的要求出现了些许松动，出现这四类情况的公司"可以"进行预告，即在中期业绩预告中给予了公司更多的选择空间。

---

① 业绩与上年同期相对出现下降的情况，也称预减。
② 来自2001年12月21日沪深交易所发布的《关于做好上市公司2001年年度报告工作的通知》，要求预计亏损或盈利水平出现大幅变动的（利润总额增减50%或以上），在年度结束30个工作日内发布预亏或预警公告。

(四) 业绩的衡量标准

业绩预告制度形成之初并没对亏损及重大亏损进行具体说明，随着时间的推移，对业绩的衡量出现了多次变化：无规定→利润总额→净利润（或扣除非经常性损益后的净利润）→净利润。有学者认为以"净利润"作为衡量业绩变动的标准，与投资者对上市公司净利润总额的关注十分耦合，进一步提高了业绩预告信息的相关性和有用性[①]。

(五) 业绩预告的豁免条款

强制性的业绩预告具有改善会计信息及时性等优点，但其会给企业带来额外披露成本，同时也使投资者的决策过程变得更加复杂。因此有必要在业绩预告制度中增加豁免条款，使那些决策相关性较弱的信息免于披露，引导信息使用者更多地将注意力集中于核心信息，从而避免因过度披露所造成的信息混淆和决策低效。我国业绩预告中的豁免制度经历了从无到有的变迁过程。2000年及以前没有对该披露豁免进行规定，2001年才规定"比较基数较小的公司"可以豁免，考虑到每股收益是影响投资者决策的重要信息之一，豁免规定一直都以每股收益值为标准，只是对豁免标准值的规定经历了几次变化。2001年规定中将"上年每股收益的绝对值在0.05元以下的公司"确定为比较基数较小的公司，当这类公司出现"净利润与上年同期相比上升或者下降50%以上"情况时，可以免于披露该类信息，充分体现了重要性原则。2002年将"去年中期每股收益的绝对值在0.03元以下"作为豁免标准。自2006年两所修订《股票上市规则》后，豁免条件中比较基数较小的公司指：（一）年度每股收益绝对值低于或等于0.05元；（二）中期每股收益绝对值低于或等于0.03元；（三）第三季度每股收益绝对值

---

① 张维迎：《我国上市公司业绩预告状况研究》，《中国对外贸易》2002年第9期。

低于或等于 0.04 元。

对业绩预告政策沿革进行梳理后,我们可以明确了解该政策的施政目的:通过缩小上市公司盈余相关信息发布的时间间隔,增加披露内容,规范披露时限,扩大披露对象覆盖面,逐渐改善我国资本市场信息不对称的现状,提升投资者的信息知情权,提高市场的有效性。

二　我国上市公司业绩预告现状

本书选择 2007 年至 2013 年 7 年间深沪两市主板 A 股上市公司披露的年度业绩预告为对象,主要从业绩预告合规性及业绩预告的特征两个方面分析评价我国业绩预告披露的现状。

（一）业绩预告合规性分析

表 3—1 报告了 2007 至 2013 年各年沪深两市未按要求披露业绩预告的上市公司数量及各自比例,包括是否按要求披露、是否按要求修正预告及是否按时披露三方面的合规情况。

表 3—1　　　　　2007—2013 年业绩预告披露合规性统计表

		2007 年		2008 年		2009 年		2010 年		2011 年		2012 年		2013 年	
		数量	比例%	数量	比例%	数量	比例%	数量	比例%	数量	比例%	数量	比例%	数量	比例%
未按要求披露公司	深	36	25.90	19	24.68	14	13.33	11	12.36	9	18.75	10	27.03	9	30
	沪	103	74.10	58	75.32	91	86.67	78	87.64	39	81.25	27	72.97	21	70
	合计	139	100	77	100	105	100	89	100	48	100	37	100	30	100
未按要求修正公司	深	24	45.28	26	28.26	9	25.71	65	65.66	47	56.63	12	37.50	14	21.88
	沪	29	54.72	66	71.74	26	74.29	34	34.34	36	43.37	20	62.50	50	78.13
	合计	53	100	92	100	35	100	99	100	83	100	32	100	64	100
未按时披露公司	深	27	55.10	41	57.75	20	55.56	7	29.17	18	58.06	7	22.58	7	28
	沪	22	44.90	30	42.25	16	44.44	17	70.83	13	41.94	24	77.42	18	72
	合计	49	100	71	100	36	100	24	100	31	100	31	100	25	100

1. 是否按要求披露业绩预告分析

虽然证监会及两交易所均对业绩预告制订了相应的披露要求，但并不是所有公司都遵照执行。例如，深圳市特发信息股份有限公司（证券代码：000070）在其年报中披露 2007 年净利润为 11039029.29 元，与上年同期相比上升幅度达到 476.62%，这显然符合强制披露的要求，然而该公司却未对 2007 年的业绩进行业绩预告，也未进行业绩快报。这严重影响了投资者对该公司业绩趋势的判断。

通过对这类没有按要求披露业绩预告公司数量的统计，可以看出其数量呈逐年下降趋势，由 2007 年的 139 家降低到 2013 年的 30 家。这说明了我国业绩预告制度正逐步走向规范化，需要进行业绩预告的公司基本都能按照要求进行披露，合规性在不断增强。从不按要求披露业绩预告公司上市地点来看，沪市中没有按要求披露的公司的数量及占比明显高于深市，这反映出了在深圳交易所上市的公司能够更加严格地按照规定披露业绩预告，上海证券交易所仍需加强监管，使上市公司业绩预告行为更加合规。从未按要求披露业绩预告上市公司符合的强制披露具体条款来看，其中大多数都是因为达到"净利润与上年同期相比上升或者下降 50% 以上"这一条件而未披露，而因满足"净利润为负"或"扭亏为盈"规定未进行披露的公司数量则较少。说明上市公司对公司未来业绩在性质上的变化较容易预测，而对业绩具体数值的变化上把握不够准确。

2. 是否修正预告分析

上市公司披露业绩预告之后，变脸情况也时有发生。例如，上海九龙山旅游股份有限公司（证券代码：600555）在其 2013 年 1 月 31 日披露的 2012 年年度业绩预告中预计公司 2012 年度归属于母公司所有者的净利润约 1483 万元，而 2012 年披露年报显示，其实际归属于母公司所有者的净利润为 -18520.16 万元，与其预告的业绩产生了巨大的差异，但该公司在业绩预告之后并未进行修正，这严重影响了业绩预告的质量。

本书将以下两种情况定义为需要对业绩预告进行修正的情况[①]：①预告为好消息而实际业绩为坏消息，或预告为坏消息而实际业绩为好消息（其中好消息定义为公司本年业绩较上年有所增加或实现扭亏为盈，坏消息定义为本年业绩较上年继续亏损或由盈利转为亏损）；②实际业绩与业绩预告的变动幅度差异超过100%。除2009年与2012年外，其他年份两市未按要求修正业绩预告的公司数量比较多。通过对数据的分析发现，由于业绩预告与实际业绩性质的差异需要修正而未修正的情况占比极少，大多数应当修正而未修正的公司属于实际业绩与业绩预告的变动幅度差异超过100%的情况。这说明上市公司对于未来经营业绩性质的把握比较准确，不会出现性质上的预测错误。但对于业绩数值上的预测往往不够准确，并且在预测出现较大偏差时也不能够及时进行修正，这对于投资者利用业绩预告进行相关决策来说是有不利影响的，随着定期报告披露时间的临近，上市公司应当在发现业绩预告有误时更应当及时修正，使业绩预告发挥其作用。

3. 是否按时披露业绩预告

业绩预告披露制度要求满足条件的公司在次年1月31日之前披露本年度的年度业绩预告，因此，本书统计了在强制性披露的业绩预告中，披露时间晚于1月31日的公司的数量。可以看出，晚于规定时间披露业绩预告的公司越来越少，尤其是自2008年之后，晚于要求时间披露的公司的数量出现了大幅下降。这说明越来越多的上市公司能够按时进行业绩预告，这将有助于投资者及监管机构

---

① 由于现有文件对业绩预告修正的标准只规定了上市公司披露业绩预告后，又预计本期业绩与已披露的业绩预告差异较大的，应当按相关规定及时披露业绩预告修正公告。标准不够具体，因此在本书中定义了业绩预告修正的标准。

及时地了解到应该披露业绩预告的上市公司的业绩变化,以便作出理性的决策。从不按时间要求披露业绩预告公司的上市地点来看,近两年来,沪市业绩预告披露时间上的合规性差于深市,但是两者之间的差距并不大,总体来说,上市公司按时进行业绩预告的积极性在逐步提高。

(二) 业绩预告的特征分析

据统计,2007—2013 年沪深两市主板 A 共发生业绩预告 4826次,为掌握业绩预告的现状及各年的变化情况,本节从预告的自愿性、精确度、准确性和及时性四个方面展开分析。表 3—2 报告了 2007—2013 年业绩预告四方面特征的统计情况。

1. 业绩预告的自愿性

业绩预告在我国属于半强制披露范畴,除了按前部分内容所述规则要求披露业绩预告外,还有相当一部分公司完全出于自愿披露业绩预告。这部分公司的自愿披露行为有利于减少市场中的信息不对称,在提高公司信息披露质量、保护中小投资者利益方面起到了积极作用。对于自愿披露行为,证监会等相关部门也一直持鼓励态度。通过对公司业绩预告统计分析,我们发现,大多数公司的业绩预告都属于强制披露,自 2007 年以来,其比例都占到 85% 以上;自愿披露的公司的数量及比例在 2009 年最低,但自 2009 年开始,该数量及比例稳中有升,到 2013 年达到 97 家,占披露样本的 14.35%。这反映了业绩预告制度在上市公司中间的影响越来越大,有更多的公司愿意公布其盈利预测的信息,对业绩预告制度起到良好的补充作用,这对于广大投资者来说无疑是一个积极的信号。

2. 业绩预告的精确度

本书将业绩预告按其公布未来经营业绩的方式分为四类,即对业绩的描述性预告(如预计本年公司实现盈利)、对业绩具体数值

▶ 上市公司业绩预告问题研究

表 3—2　　2007—2013 年业绩预告特征统计表

<table>
<tr><th colspan="2" rowspan="2"></th><th colspan="2">2007 年</th><th colspan="2">2008 年</th><th colspan="2">2009 年</th><th colspan="2">2010 年</th><th colspan="2">2011 年</th><th colspan="2">2012 年</th><th colspan="2">2013 年</th></tr>
<tr><th>数量</th><th>比例%</th><th>数量</th><th>比例%</th><th>数量</th><th>比例%</th><th>数量</th><th>比例%</th><th>数量</th><th>比例%</th><th>数量</th><th>比例%</th><th>数量</th><th>比例%</th></tr>
<tr><td rowspan="3">预告
自愿性</td><td>强制性</td><td>629</td><td>87.97</td><td>623</td><td>90.82</td><td>681</td><td>92.40</td><td>608</td><td>86.24</td><td>544</td><td>86.21</td><td>588</td><td>86.98</td><td>579</td><td>85.65</td></tr>
<tr><td>自愿性</td><td>86</td><td>12.03</td><td>63</td><td>9.18</td><td>56</td><td>7.60</td><td>97</td><td>13.76</td><td>87</td><td>13.79</td><td>88</td><td>13.02</td><td>97</td><td>14.35</td></tr>
<tr><td>合计</td><td>715</td><td>100</td><td>686</td><td>100</td><td>737</td><td>100</td><td>705</td><td>100</td><td>631</td><td>100</td><td>676</td><td>100</td><td>676</td><td>100</td></tr>
<tr><td rowspan="4">预告
精确度</td><td>描述性预告</td><td>139</td><td>19.44</td><td>126</td><td>18.37</td><td>155</td><td>21.03</td><td>130</td><td>18.44</td><td>108</td><td>17.12</td><td>41</td><td>6.07</td><td>34</td><td>5.03</td></tr>
<tr><td>开区间预告</td><td>228</td><td>31.89</td><td>157</td><td>22.89</td><td>169</td><td>22.93</td><td>148</td><td>20.99</td><td>134</td><td>21.24</td><td>60</td><td>8.88</td><td>25</td><td>3.70</td></tr>
<tr><td>闭区间预告</td><td>201</td><td>28.11</td><td>174</td><td>25.36</td><td>191</td><td>25.92</td><td>265</td><td>37.59</td><td>249</td><td>39.46</td><td>373</td><td>55.18</td><td>438</td><td>64.79</td></tr>
<tr><td>点值预告</td><td>147</td><td>20.56</td><td>229</td><td>33.38</td><td>222</td><td>30.12</td><td>162</td><td>22.98</td><td>140</td><td>22.19</td><td>202</td><td>29.88</td><td>179</td><td>26.48</td></tr>
<tr><td rowspan="8">预告
准确性</td><td>合计</td><td>715</td><td>100</td><td>686</td><td>100</td><td>737</td><td>100</td><td>705</td><td>100</td><td>631</td><td>100</td><td>676</td><td>100</td><td>676</td><td>100</td></tr>
<tr><td>差异
属性　正差异（乐观）</td><td>244</td><td>42.36</td><td>337</td><td>60.18</td><td>231</td><td>39.69</td><td>206</td><td>35.83</td><td>240</td><td>45.89</td><td>325</td><td>51.18</td><td>354</td><td>55.23</td></tr>
<tr><td>负差异（悲观）</td><td>332</td><td>57.64</td><td>223</td><td>39.82</td><td>351</td><td>60.31</td><td>369</td><td>64.17</td><td>283</td><td>54.11</td><td>310</td><td>48.82</td><td>287</td><td>44.77</td></tr>
<tr><td>合计</td><td>576</td><td>100</td><td>560</td><td>100</td><td>582</td><td>100</td><td>575</td><td>100</td><td>523</td><td>100</td><td>635</td><td>100</td><td>641</td><td>100</td></tr>
<tr><td>差异
率
范围　≥100%</td><td>52</td><td>9.03</td><td>106</td><td>18.93</td><td>40</td><td>6.87</td><td>99</td><td>17.22</td><td>83</td><td>15.87</td><td>34</td><td>5.35</td><td>63</td><td>9.83</td></tr>
<tr><td>(50%, 100%)</td><td>35</td><td>6.08</td><td>50</td><td>8.93</td><td>28</td><td>4.81</td><td>30</td><td>5.22</td><td>32</td><td>6.12</td><td>46</td><td>7.24</td><td>17</td><td>2.65</td></tr>
<tr><td>≤50%</td><td>489</td><td>84.90</td><td>404</td><td>72.14</td><td>514</td><td>88.32</td><td>446</td><td>77.57</td><td>408</td><td>78.01</td><td>555</td><td>87.40</td><td>561</td><td>87.52</td></tr>
<tr><td>合计</td><td>576</td><td>100</td><td>560</td><td>100</td><td>582</td><td>100</td><td>575</td><td>100</td><td>523</td><td>100</td><td>635</td><td>100</td><td>641*</td><td>100</td></tr>
</table>

注：* 由于 st 国恒 2014 年 7 月才公布年度报告，将其从样本中删去，因此，2013 年准确性样本总数比所有开区间、闭区间和点值预告的合计数少一个。

的开区间预告（如预计业绩较上年同期增长60％以上）、对业绩具体数值的闭区间预告（如预计净利润与去年同期相比将增长70％—100％）以及对业绩预告具体数值的点值预告（如预计净利润比上年度年度净利润增长约39％）。通过对这四类业绩预告的数量进行统计可以看出业绩预告的精确度状况及变化情况。其中描述性预告中多存在用词不精确、语言表达模糊、投资者难以正确判断事实等问题。如"大幅度增长"和"较大幅度增长"等，投资者个体理解差异较大，预告的信息效果不明显。可喜的是，从表3—2可以看出，描述性预告与开区间预告都呈现不断下降的趋势，二者占所有业绩预告数量的比例之和在2013年还不到10％；另外，闭区间预告的比例7年间经历了较大幅度的上升，2013年达到64.79％，占到预告样本的半数以上；而点值预告比例较为平稳，各年变化不大。业绩预告中精确度较低的描述性预告和开区间预告都在降低，而这说明业绩预告的精确度是在提高的。但是最为精确的点值预告比例一直保持在20％—30％之间，变化幅度不大，所占比例也不是很高。究其原因，一方面可能是由于预测出一个相对准确的盈利数值确实存在难度，另一方面可能是上市公司管理层出于规避监管部门及市场处罚[①]等考虑故意避免进行这一类型的预告披露。总体来说，在保证预告准确度前提下，应积极鼓励点值预告，这对于提高信息透明度与市场公平都具有良好意义。

3. 业绩预告的准确性

业绩预告在减小市场信息不对称等方面起着重要作用，但其作用的发挥受到业绩预告值准确性的影响。在分析业绩预告准确性时，主要考查预告值与实际值之间的差异，本书分别对差异的属性与差异率进行分析。其中，差异属性指管理层业绩预告的乐观或悲

[①] 当实际披露业绩与业绩预告差异大时，公司一方面会受到监管部分处罚，另一方面会损害披露声誉，从而影响股价与交易量。

观偏向，当预告值大于后期披露年报中实际值时，我们将其定性为正差异（乐观），反之则为负差异（悲观）。而差异率指"（预告值－实际值）/实际值"的绝对值。纵观各年乐观与悲观预告的比例，可以发现，除2008年乐观预告比例高达60.18%外，该比例在其他年份变化不大，只是在最近两年有增加趋势。2008年金融危机后公司实际收益普遍下降可能是导致该年乐观预告比例高于其他年份的原因。自2010年以来，乐观差异比例在不断上升，而悲观差异比例不断下降，说明近年来随着经济的好转，上市公司对前景的预测也由悲观逐渐转为乐观态度。无论是乐观还是悲观，都会影响业绩预告功能的发挥，上市公司应当尽量提供准确、高质量的业绩预告，使其发挥最大的作用。

差异率从具体数量关系上反映了预告的准确性。从表3—2可以看出，差异率在各范围间的比例基本保持稳定，变化幅度不大。其中差异率在50%以下的公司数量在各年预告样本中均占到绝大多数且有小幅上升趋势，在2012及2013年达到最高，均在87%以上。这说明预告差异率总体来说是比较小的，业绩预告质量较高，上市公司对未来经营业绩的把握较为准确，可为投资者提供相关和可靠的信息。但同时，也不排除上市公司为避免因为差异率过大而受到监管部门及市场处罚而操控应计盈余，人为地将差异率控制在50%以下的可能。尽管近年来预告差异率范围在100%以上和50%至100%之间的公司占比较少，但是上市公司仍然需要努力提高预告准确性，减少业绩预告与实际披露信息之间的差异，使投资者对公司信息披露作出正确的解读。

4. 业绩预告及时性

信息披露的及时性是披露质量的一个方面，影响着信息的相关性及积极作用的发挥。对于业绩预告来说，及时性尤为重要。

在分析业绩预告及时性时，本书统计了上市公司业绩披露日与实际年报披露日之间间隔的天数，表3—3报告了2007—2013年业绩预告与实际年报披露间隔天数的平均值、标准差、最大值与最小值。我们发现，间隔天数的平均值一直呈下降趋势，同时间隔天数的标准差也在不断减小，这说明样本的预告间隔天数离散程度越来越小、越来越接近于平均值；从平均间隔天数不断减少趋势来看，业绩披露日期与实际年报披露日期越来越接近，业绩预告的及时性在减弱。从最大值与最小值来看，最小值一直维持在10天以内，在2009年至2011年三年间最小值仅为2天，如此接近的时间间隔完全不能使业绩预告发挥其提前释放风险、提高信息透明度作用；同时间隔天数的最大值也略有下降的趋势，仍然显示了业绩预告不够及时的现象。通过分析可以看出目前业绩预告不够及时，许多上市公司也很随意，有的甚至故意拖延，使预告失去了原有的意义。因此上市公司应当更加尽责地做好业绩预告的工作，而监管部门也应当督促上市公司及时披露业绩预告，使投资者及时获取重要信息。

表3—3　　　　　2007—2013年业绩预告及时性统计分析

	2007年	2008年	2009年	2010年	2011年	2012年	2013年
平均值	107.00	94.49	85.20	82.39	86.82	82.15	78.08
标准差	49.88	41.81	42.00	40.83	39.60	39.67	30.89
最大值	446	193	197	192	294	361	247
最小值	7	3	2	2	2	5	9

（三）业绩预告披露现状小结

在业绩预告时间合规性方面，大多数公司均能在规定的时间之前披露业绩预告，合规性不断增强。但是，当公司的实际业绩与预告业绩差异较大需要修正时，有相当一部分公司却没有对业绩进行再次披露，这个现象在实际业绩与预告业绩的差异幅度较大时尤为突出。因此，对业绩预告修正的约束与规范仍需加强。

在业绩预告特征方面，近年来我国业绩预告精确度在逐渐提高但是及时性在减弱，而业绩预告整体的准确性却并没有因为精确度的改善而取得明显提高。在2008年至2012年间，按规则披露的业绩预告准确性不断提高，在2013年其准确性超过了自愿披露的业绩预告。说明近几年间业绩预告的自愿性在增强，同时强制性业绩预告的准确性在提高。

第四章

上市公司管理层业绩预告
披露影响因素研究

  企业决策是为实现企业的战略目标，根据企业的外部环境、机遇和内部状况，对企业活动进行不断调整的过程。上市公司信息披露决策是管理层管理活动之一，有效的信息披露决策可以使上市公司减缓管理层和投资者之间的信息非对称状况、降低代理成本、增强投资者信心、达到信息披露成本收益的优化。财务分析师特别关注经理的披露决策，财务分析师联盟会每年发布一次评价美国公司经理披露策略的报告[①]。管理层业绩预告披露决策指上市公司管理层在披露业绩预告信息时为达到特定目标而采取的具体披露方案。本章主要通过找到影响具体披露特征的因素，回答"公司怎样预告"（how firms preannouce）的问题，帮助人们更好地理解管理层在业绩预告方案上的现实选择。

---

① Mark Lang and Russ Lundholm, "Cross-Sectional Determinants of Analysts' Ratings of Corporate Disclosure" *Journal of Accounting Research*, Vol. 31, 1993.

第一节 理论分析与研究假设

会计及信息披露规则规定的通常只是最低披露要求,但并不限制管理层自愿提供额外披露,这为管理层提供了一系列的披露选择权。管理层可以运用财务报告披露选择权,通过会计政策的选择、乐观或悲观的估计、信息披露时间与范围的控制或其他措施影响投资者的洞察力,增加或降低外部使用者了解公司真实经营情况的成本与难度。我国证监会、证券交易所虽然已针对管理层业绩预告行为先后出台了业绩预告、业绩快报等制度,但由于制度本身的缺陷及业绩预告信息特有的主观性与不确定性,使业绩预告在具体特征的选择上仍然给管理层留下了较大的选择空间,例如,是否自愿披露业绩预告、业绩预告精确程度选择、预告时间选择、披露内容选择、业绩预告态度倾向等。本部分旨在通过实证研究找出影响这些披露特征的因素。

一 公司治理因素与预告特征

公司治理能有效监督管理层,保护所有者利益[①]。公司治理结构影响管理层的信息披露决策的推断也已得到广泛认可。卡罗曼欧和瓦费斯(Karamanou and Vafeas,2005)认为公司治理结构越有效,公司为中小投资者提供信息的压力就越大,他们更倾向于披露预测盈余。虽然信息披露政策允许管理层的一些信息披露操纵,但公司的治理结构会制约管理层选择最优化的策略(Shleifer and Vishny,1997;Zingales,1998)。在公司治理与管理层预告关系方

[①] 参见 Shleife and Vishny(1997)及 Bushman and Smith(2001)对公司治理在财务与会计作用的研究。

面，也有研究发现公司治理水平高的公司披露的盈利预测准确度高、误差小，管理层盈利预测频率、误差及特点等与公司治理及机构投资者间存在较强的关系（Ajinkya et al.，2005）。

(一) 股权性质与结构

股权集中度高时，公司大股东往往难以受到有效的监督和制约，因此他们在追求自身经济利益时常常侵占小股东的利益。因此，股权集中度越高，管理层越缺乏动机自愿披露业绩预告信息。研究发现，股权集中度高的公司发布业绩预告的可能性较低。股东间的制衡是股权结构合理性的另一个表现，股东间制衡度高时，可以对管理层实施有效的监督，因此，披露情况较好。

假设4—1（a）：公司股权集中度越高，股权制衡度越低，公司越不愿意披露业绩预告，披露的业绩预告精确度不高，误差较大，时间较晚，且不太可能披露悲观的预告。

机构投资者能降低公司内部的代理成本，降低管理层对外部股东利益损害行为。贾雷尔和波尔森（Jarrell and Poulsen，1987）及布里克利等（Brickley et al.，1988）发现机构投资者更倾向于反对减少股东财富的行为。相比其他类型的投资者，机构投资需要更多的信息披露，使其能更有效地监督管理层（Bushee and Noe，2000）。拜平等（Bipin et al.，2005）研究发现机构投资者持股比例越高，公司管理层盈利预测自愿性更强，并且精确度、准确性与及时性方面表现更好，预测值也更谨慎。同时，也有研究者发现，长期持有公司股票的机构投资者可以从较少信息披露中获得财务性的收益，如较低的转让价格、承销或财务顾问方面的合同以及影响公司政治、经济或社会方面政策等非财务性的收益，因此，他们更可能出于自身的利益而不愿意披露自愿性信息。在我国，基金及证券等机构重仓持有上市公司的股票，利用内部信息进行炒作而牟利已不是秘密，因此，我国机构投资者的持股是否有助于公司提高管理层业绩预告质量还需要实证检验。鉴于以往研究结论，本书先提出如下假设：

假设4—1（b）：机构投资者持股比例高的公司更倾向于自愿披露业绩预告，披露的业绩预告更精确、准确性高、更及时，且不太可能披露乐观的预告。

（二）管理层股权激励

虽然业绩预告与信息不对称等理论相关，然而更多的时候管理层完全是出于个人原因与利益来选择披露特征，他们的个人得失会影响其披露决策。披露好消息业绩预告时，权益激励较高的管理层可以从股价反应中得到较大利益；另外，即使坏消息的业绩预告会产生不好的股价反应，管理层为了避免期末披露真实收益时带来的股价大幅波动也会选择披露坏消息。讷格尔等（2003）赞同这一观点，并在随后的研究中证实了这一假设，即：当以管理层盈余预测频率和分析师对公司的信息披露评级作为公司信息披露程度的替代变量，他们发现管理层盈利预测披露频率与CEO报酬中受股价影响那部分比例成正比，该频率也受到CEO个人所持有股票的绝对价值影响。希利和巴莱普（2001）认为广泛采用股票期权激励的上市公司更倾向于提供额外的信息以避免公司股票价值被低估。因此，出于减少代理成本、保护公司利益的考虑，公司通常愿意提供类似盈利预测的有利信息[①]。

上述研究说明权益激励的管理层常常披露预测盈利以推高股价，但也有与之相反的发现，在某些特殊情况下，管理层会披露使股价下降的盈利预测。在股票期权授予期管理层会披露含有坏消息的盈利预测，通过降低授予期股价而在将来获利（Aboody and

---

[①] Paul M. Healy and Krishna G. Palepu, "Information Asymmetry, Corporate Disclosure, and the Capital Markets: a Review of the Empirical Disclosure Literature," *Journal of Accounting and Economics*, Vol. 31, 2001.

Kasznik，2000）。内部交易也与负面的盈利预测相关，这些都说明管理层会通过管理盈利预测披露的时间而获利。由此可见，公司管理层的持股比例对公司的盈利预测行为具有重要的影响。本书根据多数研究的观点，提出如下假设：

假设4—1（c）：管理层持股比例高的公司更倾向于自愿披露业绩预告，披露的业绩预告更精确、准确性高、更及时，且不太可能披露乐观的预告。

（三）董事会特征

独立董事制度能够客观地监督经理层，通过改变经营者决策结构，减小由于企业所有权与经营权分离产生的代理风险与代理成本，已经成为公司治理中一个非常重要的措施。独立董事相较于内部董事而言，他们较少地与管理层"合谋"，而是通过直接检阅公司披露政策与盈利信息，营造透明信息环境，鼓励公司对外部投资者披露信息。阿金克亚等（2005）和卡罗曼欧和瓦费斯（2005）认为独立董事的比例能够显著提高盈余预测披露的自愿性。陈和加吉（Chen and Jaggi，2000）发现独立董事比例与公司信息披露呈正相关。拜平等（2005）研究发现外部董事与外部股东对公司管理层盈利预测特征有正面影响。

重大决策集体负责与对公司经理层进行制衡是董事会的两个重要作用，董事长与总经理的两职合一虽然便于高层管理者直接掌握公司的情况，减少决策环节，增强董事会决议执行力度，但是董事长将决策权与经营权独揽一身，容易形成"一言堂"，失去对管理层的制衡作用，为其向大股东输送利益打开方便之门。因此，基于代理理论观点，本书认为董事长和总经理两职应分离，以维护董事会监督的独立性和有效性，使管理层进行业绩预告策略选择时更多地关注股东的利益。基于此，本书提出如下假设：

假设4—1（d）：独立董事比例高以及董事长与总经理两职分

离的公司更倾向于自愿披露业绩预告，披露的业绩预告更精确、准确性高、更及时，且不太可能披露乐观的预告。

二 公司财务因素与预告特征

（一）盈利能力

根据信号传递理论，盈利能力较强的上市公司为了使自己有别于其他公司，往往具有自愿披露盈利预测信息的动机，以提升自己的股价、避免投资者的逆向选择。实证研究已证实了该理论的正确性，列弗和彭曼（Lev and Penman，1990）研究发现业绩较好的公司更愿意自愿披露更多、更详细的信息。另外，由于业绩较好的公司的信息披露成本相对较低，因此，他们往往较频繁地进行信息披露，而市场也常通过盈利预测信息的披露频率来区分业绩较好与业绩较差的公司。该理论在我国也同样适用，乔旭东（2003）研究发现上市公司自愿信息披露程度受到公司盈利能力的影响，盈利能力越强的公司越倾向于披露公司信息。由此可见，业绩预告可以避免由信息不对称导致的逆向选择问题，调整投资者的错误预期，避免二级市场过度波动，通过信息披露树立良好的披露形象，上市公司和管理者可从业绩预告披露中获利。

另外，公司盈利能力在一定程度上反映了公司管理层的能力。杜鲁门（Trurman，1986）认为，经理人会出于向市场传递其能力信息的目的而自愿披露业绩预告信息。对公司的变化进行预期是管理层的重要职能，对公司变化的正确预期反映了经理人较强的控制能力。拜克和达维德（Baik and Davide，2011）发现，CEO能力与公司自愿性信息披露呈正相关关系。然而也有学者提出不同的观点，他们认为能力较强的经理人可能会出于机会主义动机，比如为了利用信息优势赚取租金，而不披露或较少披露业绩预告信息。根据大多数研究结论，本书提出如下假设：

假设4—2（a）：盈利能力强的公司更倾向于自愿披露业绩预告，披露的业绩预告更精确、准确性高、更及时，且不太可能披露乐观的预告。

（二）财务状况

财务状况不佳公司的管理层面临着薪酬降低、被解雇、经理人市场上失去竞争力等风险，并对其信息披露选择会产生潜在的约束作用。周晓苏和高敬忠（2009）基于控制权竞争假说与声誉扭转假说，实证研究发现遭受财务困境的公司，其管理层会对公司的盈余预测信息有所保留，会选择不精确的预告形式。一方面，模糊的收益预测信息在事后更容易得到验证，财务困难公司的管理层为增大预测与实际值的一致性，避免因不实披露失去投资者及董事会的信任，会选择相对不精确的方式披露盈利预测。另一方面，这类公司的管理层不一定希望外界了解公司真正的状况，而选择模糊的信息更能暂时掩盖公司的财务困境。结合上述关于盈利能力与业绩预告信息披露关系的分析，提出如下假设：

假设4—2（b）：财务状况良好的公司更倾向于自愿披露业绩预告，披露的业绩预告更精确、准确性高、更及时，且不太可能披露乐观的预告。

三　其他公司因素与预告特征

（一）公司规模

大型公司相对来说拥有较多的产品线，受益于经营的多样化效益，因此收益相对稳定。鲁兰（1979）发现大规模公司披露的信息明显多于小规模公司。另外，代理理论常常被用来解释上市公司代理人自愿披露业绩预告信息的行为。根据代理理论，上市公司的规模与代理成本成正比，代理成本较高的公司代理人更倾向于通过自愿的业绩预告披露以降低其代理成本，因此，公司规模与信息自愿披露成正比。

另外，也有人基于信息不对称理论，将公司规模作为公开信息量的替代变量（Dempsey，1989；Atiase，1985）。对于大公司来说，诸如分析师、竞争对手、交易方及监管者等外部各方已经对外披露大量与其相关的信息。如果这些信息已经可以满足市场的需要，那么大公司披露精确预测的利益激励则大大降低。胡威（2011）通过实证研究，发现公司规模与盈利预测精确度呈负相关关系。鉴于以上观点，本书提出如下假设：

假设4—3（a）：公司规模越大越倾向于自愿披露业绩预告，但对其他方面的影响并不确定。

（二）收益波动性

收益与成本是公司管理层信息披露决策时主要考虑的一个原则。当公司收益波动不大时，管理层对预测未来趋势与事件充满信心，此时由于预测错误发生的可能性及误差的范围较小，管理层不会担心预测误差所带来的不良法律后果及较大的股价变动。但如果收益波动较大公司自愿披露未来收益信息，虽然提高了外部人预期，但也将付出面临诸多如诉讼风险等代价。威迈尔（1985）与米勒（Miller，2002）的研究均显示，经理人倾向于在公司经营状况趋于稳定时，发布更多的盈余预测信息。巴金斯基等（2002）发现经营稳定公司的盈利预测相对容易，因此该类公司更倾向发布业绩预告；相反，盈余波动较大的公司，由于未来业绩不确定程度较高，管理层进行盈利预测的难度较大，公司披露盈利预测的可能性较低。

也有研究从披露预测信息公司的每股收益序列变动性来说明。英霍夫（Imhoff，1978）以92家预测披露及随机选择的100家没有披露预测信息公司为样本，对样本公司4个序列（净收益、非常项目前收益、经营收益与EPS）进行计算及比较，对于每个收益序列，披露预测信息的公司都具有较低的收益变动性。威迈尔（1985）选择1968—1973年间自愿披露盈利预测超过两次的公司为研究对象，共得到466个年度EPS预测样本，研究结论与英霍夫（1978）一致。另外，收入易变性可能使投资者更难以预测收入情况，因此，增加了对管理层收益指引的需要。威迈尔（1985）研究自愿性披露的时间问题时，发现收益变动性大的企业进行盈利预测的时间较晚。公司通过对外披露的信息传递着管理层对盈利不确定性的把握程度，因此管理层对公司盈利的不确定性决定着业绩预告的精确度。考虑到管理层主要从自身风险与收益角度进行披露选择，因此，本书仍作出以下假设：

假设4—3（b）：收益波动性越大的公司越不可能自愿披露未来收益信息，预告披露的及时性较差，精确度较低，准确率也较低。

（三）再融资需求

投资者对公司的认知影响着公司诸如发行债券、股票等融资决策。当公司有融资需求时，为了降低信息不对称程度，向外传递好的公司形象，降低融资成本，管理层有非常强的信息披露动机（Healy and Palepu, 1993; Langt Lundholm, 1993）。为此，上市公司管理层在业绩预告时，会利用得天独厚的信息优势，有策略地选择预告披露的方式，向市场发出积极的信号，弱化公司与投资者间的信息障碍，以便实施再融资计划并降低融资成本。张宗新等（2005）研究后认为再融资最大化需要是我国上市公司信息披露三大动机之一。因此，本书假设：

假设4—3（c）：有再融资需要的公司自愿披露业绩预告意愿较强，且业绩预告精确度、准确率高，及时性较好，但预告值有乐观倾向。

（四）行业竞争程度

企业的政治成本、竞争劣势成本等私有成本会因为行业的不同而存在差别（Verrecchia，1983），这些成本正是企业进行信息披露决策时所考虑的重要因素，因此，行业的差别会影响到企业的自愿披露水平以及信息披露的质量。由于收益结构预测的披露可能导致重大的私有信息外泄，使竞争者提前获得关于公司产品市场份额、新产品研发进度与规模等信息。因此，披露公司经营战略以及其预期经济结果之类的私有信息可能会损害公司的竞争地位。当公司所处行业竞争激烈时，考虑到私有信息成本，管理层通常不愿意披露信息（Verrecchia，1983）。另外，私有信息能确保公司享有竞争优势，并获得超额租金[①]（Besanko et al.，2000）。处于缺乏充分竞争即行业集中度高的公司，为了保持较高的超额收益，存在较大的动机通过各类信息披露行为，打消其他公司进入该行业的念头，其披露的盈余预告可能会相对悲观。但罗杰斯与斯托肯（2005）将行业集中度作为私有成本的代理变量，发现行业集中度高的公司相对而言更倾向于披露乐观的预测。

假设4—3（d）：公司所处行业竞争激烈时，公司不愿意自愿披露业绩预告，且预告通常不及时，精确度与准确性较低，预告值较悲观。

四　外部环境因素与预告特征

（一）交叉上市

交叉上市是影响业绩预告披露决策的外部环境因素之一。因为国外发达证券市场具有较为健全的信息披露制度和法律制度，相对于仅在国内上市的公司而言，交叉上市公司更易受到国际资本市场信息披露法规与习惯的影响。也有研究发现公司所处的法律环境也会影响到披露的时间选择。在陈君兰和谢赤（2013）编制的信息披

[①] 行业集中度常被作为私有信息的替代变量（Bamber and Cheon，1998；Harris，1998），此时的实证研究结论为，行业集中度高的公司利润更高。

露质量指标体系中，企业是否发行外资股的指标权重最大，其系数值达到了 31.8%。同时他们发现发行外资股的上市公司信息披露排名均高于仅发行 A 股的上市公司，充分说明了信息披露制度对提升信息披露质量的重要性。因此：

假设 4—4（a）：交叉上市的公司所披露的业绩预告质量更高，公司更倾向于自愿披露业绩预告，披露的业绩预告更精确、准确性高、更及时，且不太可能披露乐观的预告。

（二）上市地点

除此之外，本书还另外考虑了市场因素。在上市公司会计信息披露质量上，一直存在"沪强深弱"的观念。陈君兰和谢赤（2013）对 2007—2011 年沪深两市上市公司信息披露质量进行对比研究，发现深交所上市公司信息披露质量的均值水平明显低于上交所上市公司，且在信息披露指数企业排名中，前 10 名大部分为上交所上市公司[①]。因此提出：

假设 4—4（b）：上交所上市的公司所披露的业绩预告质量更高，即更倾向于自愿、及时、精确、正确地披露业绩预告。

第二节 变量选择与检验模型设计

一 样本与数据

由于发布年报业绩预告的上市公司较中报和季报多，信息也更为重要，因此本书只对年度业绩预告进行研究。本书选取 2007—2013 年在深沪交易所交易的所有主板上市公司年度业绩预告作为初始样本，共计 4826 个（2007 年 715 个，2008 年 686 个，2009 年

---

① 陈君兰、谢赤：《上市公司信息披露质量测度与评价》，《证券市场导报》2013 年第 3 期。

737个,2010年705个,2011年631个,2012年676个,2013年676个)。经过如表4—1所示的筛选过程,最后得到1461个样本。

表4—1　　　　　　　　　　　样本筛选过程

2007—2013年样本	预告样本数(个)
初始样本	4826
其他变量缺失样本	(743)
变量值完整的预告样本	4083
描述性预告样本	(540)
准确性可取值样本	3543
市场预测值缺失样本	(2082)
最后总样本	1461

样本公司的业绩预告信息来自同花顺数据库,其他数据来自CSMAR数据库,使用EXCEL和STATA 12.0软件处理数据。

二　变量选择与衡量

(一) 被解释变量

本章旨在检验影响业绩预告特征选择的主要因素,被解释变量定义与计量如表4—2所示。

表4—2　　　　　　　　　被解释变量定义与计量表

	变量符号	变量定义	计量方法
模型1	VOLU	业绩预告自愿性披露指标	自愿披露业绩预告时,VOLU=1;否则,VOLU=0。哑变量
模型2	PREC	业绩预告精确度指标	预告精确度有四种类型,分别为描述型预告、开区间预告、闭区间及点值预告,该变量取值依次为0、1、2、3

续表

	变量符号	变量定义	计量方法
模型3	ERRO	业绩预告准确性指标	|(预告值－实际值)/实际值|。当预告精确度为闭区间时，预告值取区间中值；开区间预告时，预告值为区间极值
模型4	OPTI	业绩预告态度指标	预告值大于实际值时，为乐观预告，OPTI = 1；否则，OPTI = 0。哑变量
模型5	DAYS	业绩预告及时性指标	业绩预告披露时间与年报披露时间之间间隔的天数

（二）解释变量

表4—3列示了所有解释变量的符号、意义及计量方式。其中，需要特别说明的是：

股权集中度。股权集中度是衡量公司股权分布状态的主要指标。国内外学者对公司股权集中度选用的衡量方式基本上有三种：一是第一大股东持股比例，二是前五大股东持有股份之和在总股本中的比例，三是借鉴德姆塞茨和莱恩（Demsetz and Lehn）的方法，采取考察前五大股东持股比例的赫菲达尔指数 H5 作为考察指标。本书选用第一大股东持股比例衡量股权集中度。

股东制衡度。唐跃军和谢仍明（2006）用前五大股东持股比例之间的比值衡量大股东制衡度。该比值越高，说明大股东制衡度越高且监督制衡能力越强。本书考虑公司其他大股东也有可能结成联盟，对大股东实施监督与制衡，因此将第二到第十大股东持股数量之和与第一大股东持股数量之比来衡量股东制衡度。之后采用第二大股东与第一大股东持股比作为股东制衡度进行模型的稳健性检验。

财务状况。Z指数也称为Z分数，其评价方式称为Z‐Score模型。"Z指标"由Altman于20世纪60年代提出，其采用企业的资产结构、运营能力、盈利能力、变现能力、偿还能力等不同单项指标，通过加权后组成一个多变量的综合性指标,用以评估企业的财务风险程度以及企业的综合运营情况。Z 指数的大小与公司的风险程度成反比,即 Z 值越小,公司发生财务风险越大,财务状况越不好;Z 值越大说明公司的财务风险越小,财务状况良好。其计算公式如下:

$$Z = 0.065 * X_1 + 0.0326 * X_2 + 0.01 * X_3 + 0.0672 * X_4$$

式中:

X_1 = (营运资金/资产总额) × 100

X_2 = (留存收益/资产总额) × 100

X_3 = (税息前利润/资产总额) × 100

X_4 = (企业账面价值/负债账面价值) × 100

行业集中度。用行业竞争状况表示私有信息披露成本,因为私有信息成本随着行业竞争增加。竞争程度用赫芬达尔指数(Herfindahl Hirschman index,HHI)计量,HHI 是一种测量产业集中度的综合指数,它是指一个行业中各市场竞争主体所占行业总收入或总资产百分比的平方和。HHI 是产业市场集中度测量指标中较好的一个,是经济学界和政府管制部门使用较多的指标。

$$HHI = \sum_{i=1}^{N} (X_i/X)^2 = \sum_{i=1}^{N} S_i^2$$

式中:

X:行业所有公司收入总额

X_i:i 企业的收入

$S_i = X_i / X$:i 企业的市场占有率

N:该行业内的企业数

HHI 在 $1/N \sim 1$ 之间变动,一般来说,HHI 越大,表明企业规模分布越不均匀,市场集中程度越高,垄断程度越高。本书根据所有上市公司的营业收入数据来计算行业市场总规模与各竞争主体市场占有率。

表 4—3　　　　　　　　　　解释变量定义与计量表

变量类型	变量符号	变量定义
解释变量 治理因素变量	CR1	股权集中度：第一大股东持股比例
	INST	机构持股比例：机构投资者持股数量/总股数
	BALA	股东制衡度：第二大股东至第十大股东持股数量之和/第一大股东持股数量
	MSHA	管理层股权激励：管理层持股数量×1000/总股数
	OUTD	独立董事比例：独立董事数量/董事会总人数
	CEO	董事长兼任总经理：两职合一时，CEO=1；否则，CEO=0。哑变量
财务因素变量	ROE	盈利能力：净利润/净资产
	ZSCO	财务状况指标：Z 指数
其他公司因素变量	SIZE	公司规模：公司年末资产总额的自然对数
	STDE	收益波动性：预告期前 5 年每股收益的标准差
	FINA	再融资需求：公司次年发布增发、配股或可转债预案的，FINA=1；否则，FINA=0。哑变量
	HHI	行业集中度：公司所在行业中各市场竞争主体占行业总收入或总资产百分比的平方之和
	NEWS	消息类型：管理层预告值大于分析师预测时，NEWS=1；否则，NEWS=0。哑变量
外部环境变量	ABRO	交叉上市：同时发行 B 股或 H 股时，ABRO=1；否则，ABRO=1。哑变量
	PLAC	上市地点：上交所上市时，PLAC=1；否则，PLAC=0。哑变量

三　模型构建

为检验前文提出的假设，构建模型如下：

$$depvars = b_0 + b_i \sum indepvars + b_i \sum convars + \varepsilon_i$$

其中，depvars 是被解释变量，模型 1 至模型 5 的被解释变量分别为业绩预告自愿性（VOLU）、预告披露精确度（PREC）、预告准确性（ERRO）、预告态度倾向（OPTI）及披露及时性（DAYS）；

indepvars 表示解释变量，*convars* 表示控制变量①。模型 1 至模型 5 的解释变量相同，具体如表 4—3 所示。b_0 为截距项，b_i、b_j 为各变量的系数，分别表示各因素对被解释变量的影响程度，ε_i 是随机项。

第三节 统计结果与分析

一 描述性统计

表 4—4 报告了各主要变量的描述性统计结果，包括均值、中位数、标准差、最小值与最大值。从表 4—1 样本筛选表可见，由于市场预测值的缺失使样本损失过半，为了解预告样本全貌，本部分主要对删除市场预测值缺失样本前的预告样本进行描述性统计分析。

表 4—4　　　　　　　主要变量全样本描述性统计

	均值	中位数	标准差	最小值	最大值
全样本（n=4083）					
VOLU	0.1143	0	0.3182	0	1
DAYS	81.9626	78	41.7178	4	184
ERRO*	0.8418	0.0794	3.2019	0.0005	25.7192
OPTI*	0.4773	0	0.4996	0	1
PREC	1.5776	2	1.1896	0	3
CR1	35.0005	32.139	15.9482	2.1969	89.4086
INST	35.1605	33.7707	22.1661	0.5532	88.4105
BALA	0.6545	0.4391	0.6638	0.0083	5.4993

---

① 考虑到业绩预告各因素间可能相互影响，以及消息类型对预告特征的影响，将预告自愿性（VOLU）、及时性（DAYS）及消息类型（NEWS）作为控制变量。

第四章　上市公司管理层业绩预告披露影响因素研究

续表

	均值	中位数	标准差	最小值	最大值
MSHA	8.2070	0.0122	45.2867	0	373.9301
OUTD	0.3662	0.3333	0.0539	0.0909	0.8
CEO	0.1479	0	0.3551	0	1
ROE	2.6260	4.0189	20.9530	-78.5278	50.4476
ZSCO	4.3145	2.6577	5.4183	0.0576	33.6712
SIZE	21.8513	21.7577	1.3831	15.5773	27.3875
STDE	0.2373	0.1567	0.3186	0	10.6965
FINA	0.1288	0	0.3350	0	1
HHI	0.0717	0.0494	0.0703	0.0115	0.4197
NEWS**	0.3502	0	0.4772	0	1
ABRO	0.0997	0	0.2996	0	1
PLAC	0.6128	1	0.4872	0	1

注：* ERRO 与 OPTI 变量描述统计的样本数为 3543 个，为精确度取值 1、2、3 的预告样本。

** NEWS 变量描述统计的样本数为 1461 个，为精确度取值 1、2、3 的预告样本。

结果显示，VOLU 平均值较小，更接近于 0，因此预告公司中自愿披露预告样本远小于被强制披露样本数。ERRO 较低的中位值说明样本总体上准确度比较理想，但个别公司极高的差异率导致该变量平均值过大[1]。独立董事比例均值与中位值均说明绝大多数公司在董事会中设置的独立董事席数已达到证监会要求比例[2]，且该变量在各样本间差异不大，其作用还有待回归检验。样本公司第一大股东持股与机构投资者持股比例普遍较高，但前十大股东内部制衡度均值不理想。

---

[1] 由于当业绩预告为开区间预告时，取开区间极值作为管理层预告值，因此可能导致公司实际收益值与预告值间差异过大。

[2] 中国证监会《关于在上市公司建立独立董事制度的指导意见》：上市公司董事会成员中应当至少包括三分之一独立董事。

表4—5　主要变量按准确性与精确度的分组描述性统计

	DAYS	OPTI	OUTD	CR1	INST	ROE	SIZE	FINA
准确样本（n=1771）								
均值	73.5669	0.4382	0.3681	36.0333	38.2024	7.2564	22.0598	0.1553
中位数	70	0	0.3333	33.3402	37.0767	7.1863	21.9385	0
标准差	36.4140	0.4963	0.0567	16.3311	22.2504	18.0846	1.3279	0.3623
最小值	4	0	0.0909	3.622	0.5532	-78.5278	17.6043	0
最大值	184	1	0.8	89.4086	88.4105	50.4476	27.3874	1
不准确样本（n=1772）								
均值	86.4360	0.5169	0.3658	34.5596	34.1412	2.4589	21.7818	0.1179
中位数	81	1	0.3333	32.0658	32.9754	3.1294	21.7116	0
标准差	43.8680	0.4999	0.0524	15.6865	21.8790	19.5256	1.3961	0.3226
最小值	4	0	0.1429	2.1969	0.5532	-78.5278	15.5773	0
最大值	184	1	0.6667	85.2318	88.4105	50.4476	27.3463	1
准确样本与不准确样本的差异								
均值之差	-12.8691	-0.0787	0.0026	1.4737	4.0612	4.7975	0.278	0.0374
T值	2.8649***	7.3085***	0.4405	-1.0458	-3.1137***	-9.7434***	-3.0662***	-2.8800***

续表

	DAYS	OPTI	OUTD	CR1	INST	ROE	SIZE	FINA
精确样本（n=2713）								
均值	79.5345	0.5166	0.3678	34.7031	35.3531	3.1958	21.8490	0.1386
中位数	77	1	0.3333	31.5286	34.1999	4.0009	21.8490	0
标准差	40.1655	0.4998	0.0548	16.0544	21.7821	20.3236	1.3627	0.3456
最小值	4	0	0.1428	2.1969	0.5532	-78.5278	15.5773	0
最大值	184	1	0.8	89.4086	88.4105	50.4476	27.3463	1
不精确样本（n=1372）								
均值	86.7639	0.3493	0.3629	35.5885	34.7798	1.4994	21.8556	0.1093
中位数	81	0	0.3333	33.3401	32.8507	4.0798	21.6912	0
标准差	44.2531	0.4770	0.0518	15.7255	22.9096	22.1094	1.4229	0.3122
最小值	4	0	0.0909	2.1969	0.5532	-78.5278	17.8794	0
最大值	184	1	0.6667	85.2318	88.4105	50.4476	27.3874	1
精确样本与不精确样本的差异								
均值之差	-7.2294	0.1673	0.0049	-0.8854	0.5733	1.6964	-0.0066	0.0293
T值*	5.2480***	-8.5371***	-2.7399***	1.6763*	-0.7806	-2.4453**	0.1440	-2.6389***

注：均值比较为T-Tests的t值，***、**、*分别表示在1%、5%和10%水平上显著。

分组标准：根据精确性分为准确样本与不准确样本，准确样本指ERRO小等于其中位数0.0796的样本，不准样本指ERRO大于中位数的样本；根据精确度程度分为精确样本与不精确样本，精确样本精确度取值2与3，不精确样本精确度取值0与1。

表4—5报告了主要变量按准确性与精确度分组的描述性统计，按精确度分组统计包括了变量值完整的4083个预告样本的描述性统计。结果显示，两组样本在披露时间、态度偏向、独立董事比例、第一大股东持股比、盈利能力及融资需求方面的均值差异均在一定程度上统计显著，其中披露时间、独立董事比例、融资需求及盈利能力方面差异较大。披露时间晚、独立董事比例高、盈利能力强及有融资需求公司预告精确度高，与假设一致。按准确性分组统计包括了3543个精确度取值为1、2、3的预告样本。结果显示，两组样本在披露时间、态度偏向、机构持股比、盈利能力、公司规模及融资需求方面的均值差异均在一定程度上统计显著，其中披露时间、机构持股比、盈利能力及融资需求方面差异较大。说明披露时间晚、机构持股比例高、盈利能力强及有融资需求公司预告准确性高，与假设一致。

表4—6　　　　业绩预告各特征按消息类型分组描述性统计

	VOLU	DAYS	ERRO	OPTI	PREC
好消息样本（n=511）					
均值	0.1076	73.9080	0.6447	0.5245	2.0215
中位数	0	69	0.0447	1	2
标准差	0.3102	34.9240	3.8166	0.4999	0.6336
最小值	0	1	0	0	1
最大值	1	189	58.6839	1	3
坏消息样本（n=950）					
均值	0.1495	78.1621	1.4302	0.4389	2.0832
中位数	0	74	0.0753	0	2
标准差	0.3567	38.9294	7.7729	0.4965	0.6950
最小值	0	2	0	0	1
最大值	1	290	119.5157	1	3
好消息与坏消息样本的差异					
均值之差	-0.0419	-4.2541	-0.7855	0.0856	-0.0617
t值*	2.2353**	2.0636**	2.1491**	-3.1320***	1.6663*

注：***、**、*分别表示在1%、5%和10%水平上显著。

表4—6报告的是按消息类型分组[①]后样本业绩预告特征的描述性统计。结果显示，两组间各预告特征均值差异均在一定程度上显著，说明管理层的披露决策因消息类型而异。从描述性统计结果上来看，拥有好消息公司的管理层自愿披露业绩预告可能性低、披露不及时且精确度低，但业绩预告的准确度高、预告态度偏向乐观，部分关系与假设相反。

二 相关性分析

表4—7报告了预告各特征与其他变量[②]之间的相关系数。结果显示，各变量间的相关系数绝对值均位于0.1以下，因此可以判断模型不存在多重共线性问题。简单从相关系数来看，除披露及时性外，独立董事比例与其他四项业绩预告特征正相关，与假设方向一致；机构投资者与各特征间相关系数较为显著，但除与乐观态度相关系数为正外，其他四项系数均为负，与假设相反；其他变量中对五个预告特征影响方向较为一致的是ROE、FINA、NEWS、ABRO、PLAC等，其中部分相关系数与本书假设一致。由于相关性系数反映的是单变量因素检验，各变量间的关系还要结合模型回归结果加以判断。

三 多元回归结果与分析

本书运用STATA对上述五个模型进行OLS估计，表4—8报告了五个模型的回归结果。总体说来，除自愿性披露模型F值在5%水平上显著外，其余四个模型F值均在1%水平上显著，说明各方程整体显著性强。各模型VIP值均小于2，与相关性系数分析结果

[①] 用分析师预测代替市场预测，当管理层预告值大于分析师预测，预告信息为好消息；反之则为坏消息。由于被分析师关注的公司数有限，因此样本数量减少至1461个。

[②] 包括消息类型在内的所有变量。

表4—7　Pearson（Spearman）相关系数表

	VOLU	DAYS	ERRO	OPTI	PREC	OUTD	CEO	CR1	INST	BALA	MSHA	ROE	STDE	SIZE	ZSCO	FINA	HHI	NEWS	ABRO	PLAC
VOLU		-0.0215	-0.0139	-0.0272	0.0207	0.022	0.0011	0.0375	-0.0337	-0.0301	-0.0332	0.0527***	-0.0551***	-0.0019	-0.0050	-0.0175	0.0726***	-0.0576***	-0.0478*	-0.0478*
DAYS	-0.0419***		0.1082***	0.0250	-0.0150	0.0294	0.0297	-0.0247	-0.0290	0.0160	0.0341	0.0193	-0.0177	0.0144	0.0068	-0.0277	0.0180	-0.0561***	-0.0649***	-0.1094***
ERRO	-0.0267	0.0186		0.0350	-0.2087***	-0.0139	-0.0051***	-0.0347	-0.0510***	-0.0387	-0.0953***	-0.3313***	0.0174	-0.0494***	-0.1007***	-0.0814***	0.0051	-0.1268***	-0.0076	-0.0625***
OPTI	-0.0407***	-0.0015	-0.0254		0.0887***	-0.0251	0.0511	-0.0464*	-0.0343	0.014	0.0271	-0.0733***	-0.0041	0.0198	-0.0694***	-0.0296	-0.0205	0.0814***	-0.0281	-0.0605***
PREC	0.0223	-0.1124***	-0.0094***	0.0778***		0.0005	0.0356	-0.0374***	-0.0735***	0.0372	0.0564***	-0.0993***	0.0320	-0.0625***	-0.0418***	-0.0194	-0.0328	-0.0446***	0.0107	-0.1544***
OUTD	0.0456***	-0.0175	0.0083	0.0029	0.0335**		0.0159	0.0360	0.0190	-0.0275	-0.0369	-0.0194	-0.0016	0.0835***	-0.0189	-0.0255	0.0854***	-0.0275	0.0585***	-0.0005
CEO	0.0172	0.0200	-0.0053	0.0209	-0.0036	0.0211		-0.1480***	-0.1310***	-0.1025***	0.1033***	0.0020	-0.0148	-0.1091***	0.1014***	0.0033	-0.0496***	-0.0424	-0.0203	-0.0800***
CR1	0.0008	0.0295*	-0.0246	-0.0352***	0.0016	0.0205	-0.1487***		0.3710***	-0.6829***	-0.2689***	0.0575***	1286	0.3525***	-0.1491***	-0.0105	0.0232	0.0313	0.0517***	0.0893***
INST	-0.0267***	-0.0680***	-0.0479***	-0.0545***	0.0202	0.0113	-0.1027***	0.2868***		-0.0190	-0.1321***	0.1058***	0.0643***	0.3038***	-0.1038***	0.0065	0.0198	0.0529***	0.1363***	0.0768***
BALA	-0.0170	-0.0344***	-0.0002	0.0167	0.0055	-0.0096	0.0837***	-0.6093***	0.0006		0.2102***	0.0929***	-0.0183	-0.0960***	0.1210***	0.0217	0.0161	-0.0026	0.1376***	0.0246
MSHA	-0.0117	-0.0149	0.0140	0.0461***	0.0259*	0.0148	0.0876***	-0.0697***	-0.1068***	0.1813***		0.1160***	0.0172	0.0130	0.0809***	0.0055	-0.0365	0.0577***	-0.0830***	0.0291
ROE	-0.0862***	0.0038	-0.1719***	-0.1041***	0.0850***	0.0179	-0.0163	0.1057***	0.1425***	0.0088	0.0176		0.0627***	0.0767***	0.2792***	0.0055	0.0901***	0.2969***	0.0103	0.0229
STDE	-0.0367***	-0.0005	0.0798***	-0.0008	0.0269***	-0.0103	-0.0217	0.0509***	-0.0038	0.0224	0.0132	0.0325***		0.2311***	-0.0572***	-0.0335***	-0.1214***	-0.0002	0.0674***	0.0101
SIZE	0.0044	-0.0227***	-0.0642***	-0.0234	0.0230	0.0403***	-0.1267***	0.3211***	0.3705***	-0.0669***	0.0090	0.1649***	0.0618***		-0.5445***	-0.0161	-0.0156	0.0730***	0.2794***	0.0780***
ZSCO	0.0039	0.0366***	0.0156	-0.0445***	-0.0048	0.0352***	0.0609***	-0.0874***	-0.0512***	0.0751***	0.0401***	0.1456***	-0.0439***	-0.3779***		-0.0131	0.0177	0.0271	-0.1134***	0.0170
FINA	-0.0027	-0.0390***	-0.0251	-0.0381***	0.0325***	-0.0071	-0.0161	-0.0001	0.0756***	0.0112	0.0376***	0.0249	0.0140	0.0420***	-0.0131		0.0226	-0.0149	-0.0568***	0.0005
HHI	0.0203	0.0083	-0.0130	-0.0061	0.0052	0.0380***	0.0148	0.0578***	0.0116	0.0100	0.0236	0.0602***	0.0147	0.0314***	0.0904***	0.0186		0.0113	-0.0454*	0.0730***
NEWS	-0.0576***	-0.0502***	-0.0643***	0.0814***	-0.0423***	-0.0148	-0.0424	0.0261	0.0553***	-0.0100	-0.0134	0.2449***	0.0053	0.0867***	-0.0250	-0.0149	-0.0051		0.0446***	-0.0098
ABRO	-0.0168	-0.0043	0.0114	-0.0205	-0.0339***	0.0194	0.0156	0.0532***	0.1567***	0.0705***	-0.0426***	0.0075	0.0052	0.2369***	-0.0192	-0.0181	-0.0207	0.0446***		-0.0002
PLAC	-0.0492***	-0.1090***	-0.0173	-0.0473***	-0.3513***	-0.0278***	-0.0540***	0.0625***	0.0870***	0.0105	0.1154***	-0.0315***	0.0191	0.0896***	-0.0663***	0.0100	0.0314***	-0.0098	0.0111	

注：***、**、*分别表示在1%、5%和10%水平上显著。各变量定义与样本数量见前方解释。对角线下方是Pearson相关系数，对角线上方是Spearman相关系数。

第四章 上市公司管理层业绩预告披露影响因素研究

表4—8 回归结果

解释变量	模型1 自愿性 系数	模型1 t值	模型2 精确度 系数	模型2 t值	模型3 准确性 系数	模型3 t值	模型4 乐观性 系数	模型4 t值	模型5 及时性 系数	模型5 t值
截距项	-0.0243	-0.13	1.7759	6.36***	4.7704	1.27	0.5290	1.87*	70.0134	3.36***
VOLU			-0.0053	-0.12	-0.6966	-1.37	-0.0260	-0.68	-6.8003	-2.41**
DAYS			-0.0034	-10.19***	-0.0091	-1.92	0.0002	0.60		
OUTD	0.2521	1.65*	0.3369	1.30	-0.4442	-0.15	-0.4707	-2.09**	13.2395	0.80
CEO	-0.0057	-0.21	-0.0436	-1.09	0.3736	0.70	0.0707	1.76*	1.4189	0.48
CR1	0.0014	1.79*	0.0008	0.64	-0.0027	-0.18	-0.0013	-1.09	0.0756	0.88
INST	-0.0011	-2.16**	0.0016	2.22**	-0.0035	-0.37	-0.0001	-0.12	-0.0147	-0.28
BALA	0.0101	0.60	0.0094	0.34	0.0172	0.05	-0.0078	-0.30	1.3599	0.72
MSHA	-0.0001	-0.55	0.0015	4.64***	-0.0029	-0.89	0.0004	1.97**	-0.0062	-0.34
NEWS	-0.0489	-2.55**	0.0001	0.50	-0.2671	-0.72	0.1033	3.69***	-5.1940	-2.52**
ROE	0.0010	2.05**	-0.0023	-0.80	-0.0652	-6.75***	-0.0021	-2.95***	0.1245	2.32**
ZSCO	-0.0001	-0.06	0.0237	1.88*	0.0460	1.05	-0.0055	-1.65*	-0.0933	-0.38
SIZE	0.0039	0.44	0.0892	2.03**	-0.1026	-0.59	0.0078	0.59	0.3986	0.41
STDE	-0.0226	-0.44			1.1725	1.73*	-0.0059	-0.12	-0.5452	-0.14

续表

解释变量	模型1 自愿性 系数	t值	模型2 精确度 系数	t值	模型3 准确性 系数	t值	模型4 乐观性 系数	t值	模型5 及时性 系数	t值
FINA	-0.0165	-0.69	0.0631	1.51	-0.4175	-0.91	-0.0472	-1.36	-2.4840	-0.97
HHI	0.1025	0.81	0.1845	0.92	3.0522	1.26	0.2565	1.40	-5.1861	-0.38
ABRO	-0.0200	-0.63	-0.1353	-2.79***	0.1194	0.19	-0.0482	-1.04	-7.9241	-2.32**
PLAC	-0.0357	-1.91*	-0.7629	-26.09***	-0.3311	-0.91	-0.0630	-2.30**	-10.9556	-5.47***
调整 R^2	0.0074		0.1632		0.0342		0.0329		0.0235	
F值	1.72**		48.05***		4.04***		2.89***		3.20***	
VIF	<1.4		<1.3		<1.3		<1.3		<1.3	
样本量	1461		4083		1461		1461		1461	

注：(1) 原始回归模型为：DepVars = $\alpha + \beta_i \sum$ IndepVars + $\gamma_i \sum$ ConVars + η。其中，DepVars 是被解释变量，模型1至模型5的控制变量均相同，模型1至模型5的 DepVars 分别为 VOLU、PREC、ERRO、OPTI 和 DAYS；IndepVars 表示解释变量，模型1至模型5的解释变量与解释变量的经济含义与计量方法参见表5—3。α 为截距项，β_i、γ_i 是待估系数，分别表示各因素对被解释变量的影响程度；η 是随机扰动项。回归所得到的方程不再一一列示。

(2) ***、**、* 分别表示在1%、5% 和 10% 水平上显著（双尾检验）。

一致，说明解释变量间不存在严重的共线性问题。

(一) 业绩预告自愿性披露回归结果分析

模型1回归结果显示，在一定显著性水平上，自愿性披露倾向与独立董事、第一大股东持股比、公司盈利水平正相关，与机构投资者持股比例、消息类型、上市地点负相关。其中独立董事比例与公司盈利能力对自愿性披露的作用与研究假设一致，但其他结论与假设不符。回归结果具体分析如下：

第一，独立董事比例与公司盈利水平对自愿性倾向的影响与假设一致。说明独立董事出于维护自身市场声誉的动机去履行监督职能，在公司内部发挥了良好的治理作用，积极推动着公司向外披露业绩预告信息；当公司盈利能力强时，经理人会出于向市场传递其能力信息的目的而存在较强自愿披露业绩预告信息的意愿。

第二，第一大股东持股比与自愿性业绩预告正相关，结论虽然与研究假设不符，但印证了相关性分析结果，股权集中有利于业绩预告信息的自愿披露。可能的解释是：股权集中度高时，大股东有足够的激励与能力监督与替换代理人，有利于促进管理层加强信息披露工作。

第三，机构投资者持股比与自愿性业绩预告负相关，与研究假设不符，说明机构投资者不利于公司自愿披露业绩预告信息。这正好说明我国资本市场中存在机构"坐庄"及与公司"合谋"的现象，在缺乏外部控制威胁时，机构投资者可能以中小投资利益为代价而追求私有信息（内幕信息），并通过公司治理机制阻碍上市公司信息披露。

第四，消息类型与自愿披露业绩预告意愿负相关，即当管理层拥有好消息时不愿意自愿向外披露，与研究假设不符。存在这一现象可能与管理层具体目的有关，如通过不披露或者推迟披露好消息，从后期股价大幅变化之中获利。但本书没将管理层具体交易目的与业绩预告行为相结合,因此,不能在模型中找到对这一现象的准确解释。

第五,公司上市地点不同时,公司自愿披露业绩预告的倾向存在显著差异,深交所上市公司自愿性明显强于上交所上市公司,这与前面现状分析及相关性系数分析结论一致,但与研究假设不符。说明上交所在上市公司信息披露环境营造及监管方面还需要加强。

(二)业绩预告精确度回归结果分析

模型2回归结果[①]显示,在一定显著性水平上,业绩预告精确度与机构投资者持股比例、管理层持股比例、公司规模、公司收益波动性正相关,与披露及时性、交叉上市、上市地点负相关。除收益波动性、公司规模及三个外部环境因素外,其他自变量系数均与研究假设一致,回归结果具体分析如下:

第一,披露时间越晚、与年度报告披露日期间隔越短的业绩预告披露方式越精确。

第二,机构投资者持股比与业绩预告精确度正相关,验证了研究假设,说明布舍尔和诺埃(Bushee and Noe, 2000)、拜平等(Bipin et al., 2005)的研究结论可以用于解释我国现象,即机构投资者一方面能够降低公司代理成本,减少公司管理层的不良行为,增加股东财富;另一方面为了更有效地监督管理层,他们需要更精确的信息,因此,机构投资者持股比高的公司在业绩预告精确度方面有较好表现。

第三,公司管理层持股比例与精确度正相关,与假设一致。说明管理层会因为权益激励对外传递良好、稳定经营的信号以及对公司较强掌控能力的信号,因此,披露的业绩预告精确度较高。

第四,公司规模及收益波动性与精确度正相关,这与前文的相

---

① 当在模型2中加入消息类型自变量时,回归结果出现多数变量系数不显著的情况,当将消息类型去掉后,回归结果变得较为理想,因此,该变量没有最终进入方程2。

关性分析结论一致。从回归结果来看，上述研究假设中的代理信息理论更能说明我国情况，即当公司代理成本高时，公司代理人倾向于利用自愿、精确的信息披露降低其代理成本，因此，大规模公司披露的业绩预告精确度较高。收益波动性大的公司披露业绩预告时间较晚（Waymire，1985），随着时间推移，经营与收益不确定性逐渐减少，管理层发布较为精确盈余预告的可能性增加。但一般说来大型公司拥有较多产品线，经营多样化，收益相对稳定、波动性小，因此，从这个角度来讲，这两个结论间存在矛盾，究竟哪个结论正确，还需要进一步研究论证。

第五，两个外部制度因素与假设相反，对业绩预告精确度有着负面影响，境内外交叉上市公司与上交所上市公司在预告精确度方面表现均不如其他公司。

（三）业绩预告准确性回归结果分析

模型3回归结果显示，在一定显著性水平上，业绩预告准确性与公司收益波动性正相关，与预告披露及时性、公司盈利水平负相关。回归结果说明，公司收益能力越强、收益波动性越小，预告的准确性越高，与研究假设一致。另外，预告及时性对准确性的回归系数显著，但符号说明预告时间越早，即时间间隔越长，差异率越低、准确性越高，结果与推理相反；并且在整个回归模型中对业绩预告准确性有显著性作用的自变量较少，结果不太理想。对这两个结果可能的解释是：

首先，当预告精确度为点预告、闭区间预告及开区间预告时，本书对（管理层预告值－实际值）／实际值取绝对值作为差异率来衡量准确性，式中管理层预告值为点预告的预告值、闭区间预告的中间值及开区间的区间极值。其中，当闭区间预告时，简单取其中值可能没有考虑到盈利在区间的分布概率，也没有考虑到整个区间的宽度问题，致使管理层预告值计量有误；另外，当开区间预告，简单取区间极值作为管理层预告值更难以反映出管理层真实预测值。

其次，准确率计算公式中的实际值为预告后年报中披露的收益值，由于管理层可能出于某些原因对其进行操控，使其偏离"真实"的收益值。虽然这也在管理层选择范围内，但其实施操控的原因无法一一加入模型中，最终可能影响模型3的有效性。

最后，影响准确性的因素当中包含着主观与客观两个方面的因素，除采取某些方法与措施可以控制的主观因素外，还有存在于企业外部、事先无法预见、企业无法调节与控制的客观因素，无法将其加入研究模型当中，可能影响到了模型的有效性。

(四) 业绩预告披露态度回归结果分析

模型4回归结果显示，在一定显著性水平上，业绩预告披露乐观与悲观态度与董事长兼任总经理、管理层持股、消息类型正相关，与独立董事比例、公司盈利水平、财务困境、上市地点负相关。依据会计信息的谨慎性原则，本书认为具有悲观倾向的业绩预告质量高于乐观倾向的预告，因此，从回归结果看来，独立董事比例高、董事长没有兼任总经理的公司披露的预告值较谨慎，说明两者在公司治理中发挥了较好作用，与研究假设一致；公司管理层持股比例及消息类型与披露乐观态度正相关，说明权益激励较高的管理层在业绩预告时有很强的自利倾向，为了避免市场定价失误同时向市场传递其职业能力，他们会在业绩预告时表现出一定的乐观倾向。因此，当管理层拥有好消息时，其业绩预告会出现乐观倾向；盈利能力强的公司、上交所上市公司业绩预告态度更加谨慎，与研究假设一致。但有趣的是，该结论与上交所上市公司业绩预告其他特征不同，除用于解释模型3的理由外，难以找到其他原因；公司财务状况与态度倾向负相关，即财务状况良好的公司业绩预告更谨慎，与假设相符。

（五） 业绩预告披露及时性回归结果分析

模型5回归结果显示，在一定显著性水平上，业绩预告及时性与公司盈利水平正相关，与自愿性披露、消息类型、交叉上市及上市地点负相关。其中，盈利能力强的公司倾向于及时披露业绩预告，与假设一致；交叉上市与上市地点对及时性有着负面影响，与假设不符，具体原因前已述及，不再赘述；自愿披露的业绩预告、好消息的业绩预告披露时间较晚，与研究假设不符。当公司自愿披露业绩预告时，由于不存在强制性的披露时间，因此，在披露时间选择上比较随意。"好消息早，坏消息晚"的披露规律已被国外及国内大多数研究者们认可与证实，但也存在一些相反的证据。例如：斯金纳（1994）发现拥有坏消息的公司提前公布差业绩的可能性是有好消息的公司的2倍，这是由于法律诉讼关注的存在促使企业及早地披露盈余坏消息[1]；里斯和希内尔（Rees and Giner, 2001）发现法国、德国和英国的公司报告坏消息比报告好消息更早[2]。如此看来，我国的上市公司也可能因为存在诉讼风险顾虑，较少推迟坏消息披露；同时自愿性预告披露不及时的原因也可用来解释好消息晚披露的结论。

四　敏感性测试

为检验上述五个模型回归结果的稳健性，本书还分别以前五大股东持股H指数比例替代第一大股东持股比例衡量股权集中度，以第一与第二大股东持股比作为股权制衡变量进行回归。表4—9报告了敏感性测试的回归结果，与表4—8结论没有实质上差异，因此，认为研究结论比较稳健。

---

[1] Skinner, D., "Why Firms Voluntarily Disclose Bad News" *Journal of Accounting Research*, Vol. 32, 1994.

[2] Rees, William P., B. Giner, "On the Asymmetric Recognition of Good and Bad News in France, Germany and the UK" *Journal of Business Finance and Accounting*, Vol. 28, 2001.

上市公司业绩预告问题研究

表4-9 敏感性测试回归结果

解释变量	模型1 自愿性 系数	t值	模型2 精确度 系数	t值	模型3 准确性 系数	t值	模型4 乐观性 系数	t值	模型5 及时性 系数	t值
截距项	0.0156	0.08	1.6755	6.38***	5.5861	1.53	0.4539	1.57	74.4858	3.50***
VOLU	-0.0075	-0.27	-0.0066	-0.15	-0.7010	-1.38	-0.0222	-0.58	-7.0012	-2.48**
DAYS			-0.0034	-10.20***	-0.0090	-1.90	0.0003	0.72		
OUTD	0.2422	1.59*	0.3235	1.25	-0.3855	-0.13	-0.4642	-2.06**	13.0231	0.78
CEO	-0.0075	-0.27	-0.0292	-0.73	0.3913	0.74	0.0737	1.84*	1.1013	0.37
H5	0.1361	1.71**	0.0831	0.64	-0.9379	-0.61	-0.1780	-1.54	8.7135	1.02
INST	-0.0010	-2.14**	0.0015	2.10**	-0.0021	-0.23	-0.00003	0.05	-0.0206	-0.40
Z	0.0001	0.42	-0.0001	-0.33	0.0028	0.47	0.0002	0.36	-0.0314	-0.95
MSHA	-0.0001	-0.40	0.0012	5.09***	-0.0020	-0.80	0.0005	2.00**	-0.0041	-0.23
NEWS	-0.0526	-2.72***	0.0001	0.43	-0.2851	-0.77	0.1093	3.88***	-5.6487	-2.72***
ROE	0.0015	2.51**	0.0003	0.98	-0.0632	-6.56***	-0.0029	-3.31***	0.1740	2.72***
ZSCO	-0.0002	-0.10			0.0133	0.49	-0.0053	-1.61	-0.0955	-0.39

· 154 ·

续表

解释变量	模型1 自愿性 系数	t值	模型2 精确度 系数	t值	模型3 准确性 系数	t值	模型4 乐观性 系数	t值	模型5 及时性 系数	t值
SIZE	0.0037	0.40	0.0291	2.48	-0.1396	-0.84	0.0095	0.72	0.3386	0.35
STDE	-0.0228	-0.65	0.0875	1.99**	1.2368	1.83*	-0.0014	-0.03	-0.8737	-0.23
FINA	-0.0161	-0.68	0.0642	1.54	-0.4402	-0.96	-0.0464	-1.34	-2.5741	-1.01
HHI	0.1043	0.83	0.1672	0.84	3.400	1.41	0.2575	1.41	-5.4194	-0.40
ABRO	-0.0189	-0.60	-0.1368	-2.84***	0.1886	0.31	-0.0466	-1.34	-7.8704	-2.33**
PLAC	-0.0357	-1.91*	-0.7564	-25.99***	-0.3210	-0.88	-0.0612	-2.23**	-11.0701	-5.54***
调整 R^2	0.0092		0.1565		0.0338		0.0240		0.0262	
F值	1.90**		48.31***		4.01***		3.11***		3.45***	
VIF	<1.2		<1.1		<1.2		<1.2		<1.2	
样本量	1461		4083		1461		1461		1461	

注:***、**、*分别表示在1%、5%和10%水平上显著(双尾检验)。

第四节　实证研究小结

本章从公司治理因素、公司财务状况、公司其他特点及外部环境因素等多个角度出发，试图找出影响公司业绩预告特征（业绩预告的自愿性、精确度、准确性、乐观态度与及时性）的主要因素。研究结论如下：

一　公司治理因素

在公司治理各因素中，第一大股东持股、机构投资者持股、管理层持股、独立董事比例、董事长兼任总经理分别从不同角度影响着业绩预告信息的特征。

虽然第一大股东持股比对除披露自愿性以外的特征缺乏统计意义上的显著性，但从符号上判断，大股东有着积极的治理效应[①]，能明显提高业绩预告披露质量；股东制衡对于管理层业绩预告特征选择的影响假设没有得到模型证明，说明其他股东在对公司的监管中存在着"搭便车"现象，没有形成对上市公司的有效监督，造成了对公司的监管缺位；根据印象管理及信号传递理论，当管理层权益激励增加时，管理层会通过高精确度与乐观的业绩预告向市场传递关于其经营能力与控制能力的信息，管理层在自我服务的同时，保证了业绩预告信息的公平披露；独立董事出于自我声誉维护或其他目的，在公司内部发挥了良好的治理作用，积极推动着公司向外披露业绩预告信息，并且其对业绩预告信息的关注，使业绩预告保持谨慎态度；虽

[①] 大股东可能通过直接控制、提交议案、向管理层施压及替换管理者四种机制发挥治理作用。

然董事长兼任总经理因素在多数回归模型中并不显著,但从系数符号上来看,说明代理理论优于现代管家理论[①],即两职分离能维护董事会监督的独立性和有效性,使董事会更好地发挥监控总经理的功能,在信息披露方面表现为提高业绩预告披露质量。

二 公司内部其他因素

在公司内部特征方面,影响最为显著的是公司的盈利能力。在信号传递机制下,为了避免投资者的逆向选择,让自己区别于盈利能力差或业绩较差公司,盈利能力强的公司业绩预告自愿披露意愿较强、准确性高、披露及时,且预告值较为谨慎,说明盈利能力在信息披露方面具有较好的治理作用。除此之外,公司规模及收益波动性积极影响着业绩预告的精确度;收益波动性大的公司预告准确性偏低;财务状况良好的公司预告值较为谨慎;没有找到公司的再融资需求、行业集中度影响管理层业绩预告决策的证据。

三 外部环境

在公司外部市场与法规环境方面,公司上市地点影响最为突出。上交所上市公司在业绩预告自愿性、精确度、准确性与及时性等方面均差于深市公司,该结论与现状分析及相关性分析结论一致,说明在业绩预告上,"沪强深弱"这一观念已被打破。另外,交叉上市虽然在显著性上弱于上市地点,但对业绩预告特征选择也

---

① 代理理论认为代理问题主要表现为管理层与股东间的利益冲突,为了充分发挥董事会的监控功能,董事长和总经理两职应分离,以维护董事会监督的独立性和有效性;现代管家理论认为,所有者和经营者之间是一种无私的信托关系,经营者会按照股东利益最大化原则行事,其结果自然就是赞同两职合一,两职合一有利于提高企业的创新自由,有助于提高企业的经营绩效。

存在负面影响,即外部市场与法规环境没如预期一样对公司业绩预告行为产生规范作用,且其效果正好相反,这正好点出了监管部门下一步监管的工作重点所在。

总之,管理层业绩预告的决策受到上市公司外部环境、内部治理及其他特征的综合影响。本章研究结论为改进和完善我国上市公司业绩预告质量、降低市场信息不对称程度提供了全新的视角与实证支持。

第五章

上市公司管理层业绩预告可信度研究

　　实务界与学术界一致认为,企业可从信息披露、与投资者充分的信息交流中获利。资本市场对企业披露的财务信息进行正确反映,不仅要求财务信息自身具备某种品质特征,还要求信息使用者能正确认识信息的可信度,只有当其被认为可信时才能真正地传递信息。因此管理者非常有必要知道决定其信息披露可信度的因素,通过改变信息披露的相应行为以达到提高公司价值的目的,对于业绩预告信息来说也不例外。对于市场监管者来说,掌握公司信息披露可信性的形成机制,以衡量市场是否已具备监督管理层发布预测信息行为的能力,能够"惩戒"披露信誉糟糕的公司而"奖励"披露信誉良好的公司。虽然信息披露的可信度对公司管理层及外部市场都极为重要,但国内以其可信度形成机制为切入点的研究文献并不多见。因此本章旨在找出影响管理层业绩预告信息可信度的因素,使企业管理层与外界的信息交流更加充分有效。

第一节　业绩预告可信度理论分析框架

投资者与分析师决策所依赖的是可信的管理层披露（Williams，1996；Hirst et al.，1999），可信的管理层披露可以降低公司内外的信息不对称（King et al.，1990）、增强市场流动性、降低估值风险与资金成本。本节通过界定信息可信度与管理层业绩预告可信度，建立管理层业绩预告可信度影响因素的分析框架，在此基础上提出需要实证检验的假设命题。

一　信息可信度

信息作为所有决策活动的依据，是对现实状况不确定程度的改善[①]。信息可信度是指信息被信赖、被相信并为信息使用者依赖的属性。可信的信息可以帮助使用者作出正确的决策，带来一定的社会效益和经济效益。从信息服务方面来讲，信息可信度一方面指信息使用者对信息的承认与相信程度，是一种主观判断；另一方面指信息来源与信息本身的真实性与可靠性，即信息对客观现实的接近程度。本书从第一个角度来研究管理层业绩预告可信度，这也是西方半个多世纪以来对可信度研究的取向与主要内容。

二　管理层业绩预告可信度

对于信息使用者来说，可信的信息才是其决策信息的有用来源。当投资者与分析师收到一个可信的管理层业绩预告，他们会调

[①] 信息论的奠基人 Shannon C. E. 在他的著名论文《通信的数学理论》（1948）中虽然没有明确给出信息的定义，但把信息量定义为随机不确定性程度的减少，这表明他对信息的理解是"两次不确定性的差异"。

整其看法与期望，并相应地影响他们的行为。比如，分析师通常会在接收到可信的管理层业绩预告后改变他们的盈利预测或股票推荐信息（Jennings，1987；Hassell et al.，1988）。长期来看，如果分析师相信公司管理层的披露通常是可信的，他们会持续关注该公司（Lang and Lundholm，1993；Francis et al.，1998）。另外，可信的管理层披露常常会导致投资者买入或卖出公司的股票，因此投资者的行为也会随着可靠的披露而改变。而且，如果投资者从公司收到一系列可信的信息披露后，会增强他们对公司管理层的信心，导致他们更偏向于持有该公司的股票。总之，可信的信息披露影响着投资者与分析师的决策。当证券分析师与投资者接收到管理层披露的业绩预告时，他们会根据对该信息可信度的判断作出反应，因此，对影响信息使用者可信度判断的因素进行研究显得十分重要。

Jenkins委员会报告[1]中提出，增加信息披露不仅可以降低公司资金成本，而且通过提高资本分配效率与资本市场的流动性，还可以使整个社会受益。除此之外，大量文献还提及了充分投资者交流所带来的其他好处，比如财务分析师的关注（Healy et al.，1999）、缩小买卖价差（Welker，1995）等。希利等（1999）研究结论说明，能够充分有效地与市场进行信息交流的公司，证券分析师对其收益的预测值较集中，并且预测误差低，买卖价差小，因此比信息披露不可信的公司具有更低的资金成本。另外，詹宁斯（1987）研究了投资者对管理层披露的反应，他认为投资者的反应是披露信息中含有的惊奇（surprise）与披露的可信度的函数，他认为，在解释管理层业绩预告信息含量或股票价值非系统变化时，可信与惊奇同等重要。因为信息披露的可信度与公司价值密切相关，所以公司对于他们的信息披露会高度关注。

---

[1] The Jenkins Committee Report, AICPA, 1994.

披露可信度（disclosure credibility）被定义为投资者对某一个具体管理层披露信息的信任程度，是投资者对某一披露信息认识的一个方面。因此，管理层业绩预告的可信度是投资者对公司管理层某一具体业绩预告可信性的认识。该定义强调，管理层业绩预告可信度是投资者在业绩预告信息披露后对该预告信息的认知，并非预告信息披露前已存在的客观条件。在最初接收到管理层披露所传递的信息时，投资者并不会对此信息的真实可靠性及其中所含质量有所察觉，但他们会根据此时对该披露可信度的理解作出经济决策。另一方面，本书所指的管理层业绩预告披露可信度是投资者对管理层某一具体的信息披露可信度的评价，因此，各个披露可信性之间相互独立。另外，已有研究表明，不同公司间披露的信息可信度存在差别，而且对于同一公司的不同披露行为，投资者对其可信度的理解也会有差异（Molly Mercer, 2004）。

三 管理层业绩预告可信度影响因素分析框架

在对影响管理层业绩预告可信度的因素进行实证检验之前，有必要建立一个理论上的分析框架，公司管理层可以从中得到提高披露可信度的经验，以降低信息不对称与资金成本。对于研究管理层披露的学者来说，虽然之前的研究已经为管理层可信度的经济结果提供了证据，但并没有涉及管理层披露可信度的影响因素，分析框架的建立填补了这一空白，并为未来的研究打下基础。

大众传媒学对"可信度"的研究大致从信源可信度、渠道可信度与信息内容可信度三个方向展开，涉及信息在企业内部的生成过程、向外披露和受到相关部门监管的过程及信息自身的质量问题。这与财务报告领域的"财务报告供应链"观点不谋而合。IFAC在2008年3月发布的《财务报告供应链：现状和方向》报告中指出："财务报告供应链涉及财务报告编制、批准、审计、分析和使用等各阶段及相应参与者。"[1] 根据财务报告供应链的观点，管理层业绩预告信息供应链起始于公司内部管理层，受到管理层个体、环境因素、内部控制及公司治理的影响，可经过注册会计师鉴证，由公司董事会批准和股东大会通过后予以公布。财务分析师处于整个供应链的末端，但仍发挥着重要作用，其运用专业的财务分析能力与技巧，对公开披露的业绩预告信息进行解析，通过其后的经济或信息发布行为向外界传递过滤后的管理层业绩预告。

图5—1展示出了管理层业绩预告信息供应链中的各个环节与要素，可以看出，整个业绩预告信息供应链主要由管理层即信息源、预告环境动机、公司内部治理与控制、信息披露的外部鉴证、财务分析师及最终成果即信息本身构成[2]。本书对管理层业绩预告可信度影响因素的研究也基本上按照这个思路，将上述供应链各环节与要素分为业绩预告信息自身特征与其他影响市场对业绩预告判断的因素（管理层可信度、预告环境动机、内外部保证等）两个方面，分别进行理论推导与研究假设，再选择适当方法进行检验。

（一）业绩预告特征

业绩预告披露特征指的是管理层业绩预告披露的信息本身所具有的特点，属于可信度研究中的信息内容范畴，也影响着管理层业绩预告披露可信度。对于管理层业绩预告而言，披露特征包括披露方式（自愿披露还是按法规要求披露）、业绩预告的精确度、业绩预告的时间选择等[3]。在本书文献综述中已经谈到管理层业绩预

---

[1] IFAC, Financial Reporting Supply Chain: Current Perspectives and Directions, March 2008, P4.

[2] 从系统整体性角度来看，供应链还应该包括信息披露规范、监管规范等内容，这些内容已经在前面章节详细论述，并且对于本章主题业绩预告披露的可信性而言，这些要素都是一定的，对可信度会产生影响，但并不会形成可信度的差异，所以不将它们列入该供应链中。

[3] 由于业绩预告准确性与乐观性特征在本次业绩预告披露时并不为投资者所知，因此，检验业绩预告可信性时，没将这两个因素作为业绩预告特征进行考量。但将前期预告准确性作为管理层可信度的衡量指标，详见下文分析。

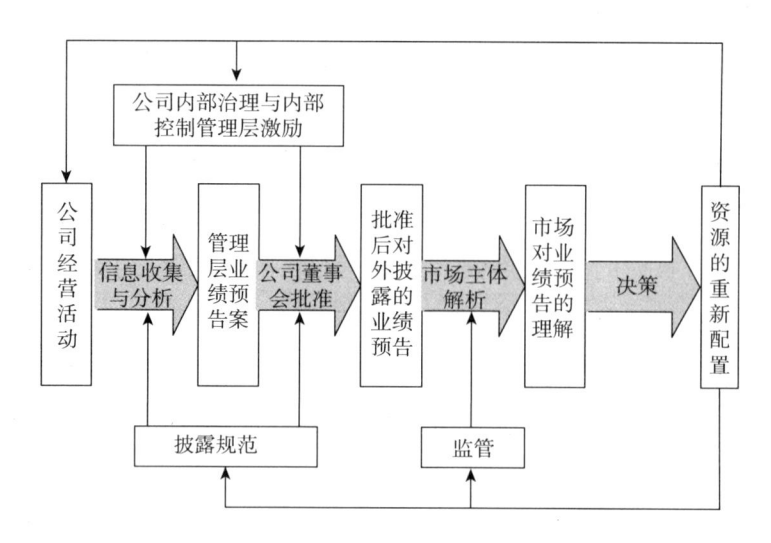

图 5—1　管理层业绩预告信息供应链分析图示

具有的经济后果，已有学者专门就管理层业绩预告各类特征带来的不同经济后果进行研究，发现投资者对管理层业绩预告的反应因预告特点而异。

（二）影响业绩预告可信度的其他因素

其他影响市场对业绩预告判断的因素包括管理层可信度、预告环境动机、内外部保证等。信息源从字面上可以解释为信息的来源，信息来源的可信度是影响信息可信度的一个重要因素，这一观点也得到心理学研究的支持（Birnbaum and Stegner，1979）。这两者之间的关系在财务学领域的财务披露问题上仍然成立。威廉姆斯（Williams，1996）在检验分析师对管理层披露的反应受到管理层可信任程度影响这一论断时，发现管理层业绩预告之后分析师的预测修订是管理层先前预测准确性的函数。赫斯特（1999）发现这个结论对投资者也适用。因此，管理层可信度是影响管理层业绩预告可信度的一个因素。除此之外，管理层披露的业绩预告还受到披露主体利益驱动的影响。心理学模型说明信息的可信度受到可以观察到的信息来源动机影响（Friedstad and Wright，1994；Kelley，1972），特别是当这个信息与信息披露者的动机正好一致时，人们更会将信息理解为动机驱动，而不是外部事实。与此相反，当信息与披露者的来源的动机不一致时，人们会认为信息是外部客观存在的，而非信息披露者的动机驱动。因此，人们更愿意相信与信息披露者动机不一致的消息（Eagly et al.，1978；Birnbaum and Stegner，1979）。将这一发现运用于财务披露，当管理层有较强误导与不诚实动机时，分析师与投资者不愿意相信这些信息。因此，预告环境动机是影响管理层业绩预告可信度的另一个因素，可获知的误导动机越强，披露的可信度越低[①]。内外部保证可以从制度与机制上为信息的可信性提供保障。公司内部控制与治理结构能影响信息质量，学术界对于这个观点已经达成共识，并通过实证研究得到证实。公司内部控制与治理结构共同致力于解决公司所有权与控制权相分离下公司内外部信息不对称和代理冲突问题，良好的内部控制与治理结构能够提高公司披露的会计信息质量。二者对管理层的业绩预告也会产生影响，但其作用机制是一套复杂的体系，而且也会因为存在某种程度的信息不对称，使业绩预告信息的外部使用者并不能很好的获知公司的各种信息保障机制，因此，本书在分析管理层业绩预告可信度影响因素时，将内部控制与治理结构简化为外界信息使用者可以轻松获得的内外部保证情况，如董事长与总经理兼任情况、机构投资者持股比、第一大股东持股比与财务分析师关注等，然后纳入可信度分析模型。

[①] 这个论断假设投资者能获知管理层有误导的动机与机会。也就是说，如果管理层有误导动机，但没有实施的机会，这样的动机也不会影响投资者对披露可信度的认识。但对于多数披露而言，特别是没有审计的自愿性披露，管理层对报告的内容有极大的选择性，因此，投资者会认为管理层即有动机也有机会误导投资者。

第二节 研究假设

一 业绩预告特征的影响

弗拉纳金等（Flanagin et al., 2000）研究发现，用户对信息的可信度评价与信息类型有关。管理层业绩预告信息本身的特征包括预告披露的自愿性、披露的精确度、披露的时间及预告信息的类型等。

（一）预告披露的自愿性

由于国外的管理层盈利预测信息披露属于自愿性信息披露范畴，因此，缺乏这方面研究基础。在我国，自愿披露业绩预告的公司均为不符合强制披露条件、公司经营较为平稳的公司，这类公司管理层自愿向外界披露业绩预告较大的可能是向外界传递良好的经营状况、管理层的优秀管理才能信息，或者为了建立良好的披露形象，因此，市场对该类预告较为信任，反应较强烈。

假设5—1（a）：业绩预告披露的自愿性与公司管理层业绩预告披露可信性正相关，市场对自愿披露的业绩预告的反应明显强于非自愿披露的预告。

（二）预告披露的精确度

管理层业绩预告披露形式多样，可以是数量型盈余，如点预测、区间预测、最大值预测或最小值预测，也可以是描述型预测，这些预测形式精确程度依次降低。业绩预告形式的选择传递了管理层对公司未来绩效的判断（King et al., 1990），已有研究发现，不精确的预测表明管理层对公司的不可控性与公司未来的不确定性，因此相对于精确的盈利预测而言，不精确的盈利预测被认为具有较低的可信性（King et al., 1990; Hassell et al., 1988; Kim and Verrecchia,

1991）。赫斯特等（Hirst et al.，1999）运用实验法，发现投资者更愿意相信点预测的披露。巴金斯基等（1993）利用档案研究数据得到相同结论。因此，多数的研究结论支持精确度高的盈利预测可信性高于精确度低的盈利预测。但也有其他研究得出不同的结论，鲍诺尔等（Pownall et al.，1993）发现，预测形式并不影响股价的反应程度，因此盈利预测的精确度并不总是影响盈利预测披露可信度。

本书接受多数研究结论支持的观点，提出假设：

假设5—1（b）：业绩预告精确度与公司管理层业绩预告披露可信性正相关，市场对精确度高的业绩预告的反应明显强于精确度低的预告。

（三）预告披露的时间

会计当年早期的管理层披露包含更多固定的影响收益的因素，从另外一个角度来看，较晚披露的业绩预告会包含一些非常规化的新收益信息。因此，市场在对管理层业绩预告进行解析并作出反应时，会充分考虑预告披露的时间，即管理层业绩预告的时间选择会影响投资者与分析师的反应。巴金斯基和哈塞尔（Baginski and Hassell，1990）发现分析师对管理层第四季度的预测反应更强烈。钱伯斯和彭曼（Chambers and Penman，1984）与阿提亚斯等（1994）研究发现信息披露时间影响着证券市场的反应性质与程度，较早披露的信息产生的市场反应更加积极，而市场对迟滞的信息披露存在消极反应。本书提出如下假设：

假设5—1（c）：业绩预告披露时间与公司管理层业绩预告披露可信性正相关，市场对早披露的业绩预告的反应明显强于披露时间晚的预告。

二 其他影响业绩预告可信度的因素

（一）管理层可信度

管理层可信度被认为是投资者对管理层披露行为可信任程度和

能力的认识[①]。根据信源可信度理论（source credibility theory），在绝大多数情况下，信息发布者越可信，信息交流更可能改变信息接受者的认知（Hovland and Weiss，1951）。根据此理论，公司管理层是资本市场中公司内部信息的发布者，其本身的可信性影响着管理层业绩预告的可信性。大量研究也已经表明，相对于可信任程度低的管理层披露的信息，投资者与分析师更相信可信任程度高的管理层披露的信息（Williams，1996；Hirst et al.，1999；Hodge et al.，2000）。

从披露可信性定义来看，由于其针对的是单个不同的信息披露，因此各个披露可信性间相互独立。管理层的可信任程度是关于某一公司管理层的变量与特征，对于同一公司而言，这一变量相对稳定。但是管理层可信度与其他理念一样，也会根据接收到的新消息而改变。多数文献并没有区分管理层可信任程度与披露可信度，本框架认为这两者间并不能互相替代，因为对管理层可信任程度的认知只是影响管理层披露可信性的因素之一。

总之，已有文献足以说明管理层可信任程度影响披露的可信性。霍夫兰等（Hovland et al.，1953）认为，信源可信性是专业能力（expertise）与可信赖性（trustworthiness）的函数。专业能力是一个交流者被认为是可靠论断者的程度，信息接受者越是相信某人是其领域的专家，那么他们会认为该专家发布的该领域的消息越可信。但管理层的专业能力只是其可信性的一个方面，当管理层被认为是企业经济管理或财务方面的专家时，他或她也有可能出于某些主观原因作出不实业绩预告的决定。因此，信息使用者必须对管理层诚实披露信息的意愿进行判断，并在此基础上作出经济决策。管理层只有在被认为具有诚实交流意愿时，才被认为是可信的。

---

① 将管理层可信度理解为一种信念，与经济学文献中的信誉类似，例如，Axelrod（1984）将信誉定义为对某人战略使用的认知。

投资者通常难以获得事前的证据来决定预测的可靠性。在管理层曾经披露过业绩预告的前提下，这些预告的正确性可以得到验证，并且，前期预告的准确性影响着市场对当期预告的反应程度。正确性是影响认识最明确的因素，提供准确信息的人被认为比提供不准确信息的人更加可信[①]。如果前期预告的准确性并不理想，管理层将会受到惩罚，失去可信度。已有文献证明，管理层的历史披露影响管理层的可信任度，进一步地影响着后期管理层披露的可信性。

坦等（Tan et al., 1999）发现发布准确的盈余预测的管理层比其他管理者更具管理能力与可信度。费希尔（Fisher, 1991）认为如果管理层经常错报、误报，会在投资者与债权人面前失去可信性，从而对公司发行股票、举债的能力产生不利影响。赫顿和斯托肯（2009）研究发现无论好消息还是坏消息预测，公司前期预测的准确度和公司管理层当前盈余预测的准确度呈正相关关系。同时，公司前期预测越准确，股价对于管理层发布的盈余预测信息反应越强烈。如果公司之前有很好的预测准确度，那么投资者对于包含极端信息的预测也反应很大。威廉姆斯（1996）断定分析师对管理层披露的反应受到管理层可信任程度的影响，其研究发现，管理层盈利预测之后分析师的预测修订是管理层之前预测准确性的函数。巴金斯基和哈塞尔（1990）也得出相同结论。赫斯特（1999）发现这些结论对投资者也适用。因此，我们假设，可信度高（低）的管理层披露的信息可信度也高（低）。

假设5—2：管理层业绩预告的市场反应受前期预告准确性的影响，前期预测准确性越高，当期预告的市场反应越强烈。

[①] 完整性与及时性也是重要的决定因素。虽然没有文献直接研究完整披露对管理层可信任影响的程度，但有几个文献提到，完整的披露会引起正的股价效应，这与完整的披露引起高的管理层可信度一致。关于及时披露对管理层可信任度的影响的研究相当有限，Libby and Tan（1999）发现提供及时的未预期的负收益警告，比其他没有提供这些信息的管理层更加可信。

(二) 预告环境动机

管理层的业绩预告信息披露行为受到披露主体所处环境的影响，误导投资者的动机越少，披露可信度越高。管理层的误导动机可以分为两类：第一类来自公司外部，这些动机是公开、可以被外界所观察到的外部影响因素，包括诉讼环境、财务状况与竞争环境等；第二类来自公司内部，不能被外界直接观察到，只能通过信息披露后管理层对各类交易行为的参与才能被外界获知。所以本书主要分析前者对管理层业绩预告可信度的影响。

1. 公司财务状况

公司的财务状况会影响管理层披露业绩预告的决策，当公司处于财务困境时，往往会披露较为乐观的业绩预告，借此向市场传递关于公司具有良好前景的信息，并让投资者相信管理层实施的经营计划能有效地让公司健康发展。同时，困境中企业乐观的业绩预告还能减少企业破产、被兼并与收购的可能性（Frost，1997）。

虽然管理层信息披露有误时会面临一系列的制度处罚，包括声誉损失和职业处罚，更有可能会遭到法律诉讼，而且已有的研究文献也都认为这些处罚足以使管理层在主观上避免有偏的业绩预告（McNichols，1989；Frankel et al.，1995），但这些惩罚措施的有效性必须以市场的有效性为基础，即市场参与者与证券监管者在未来能对管理层的不良信息披露行为进行处罚。但是对于财务困难的企业来说，当未来市场对管理层的不良披露行为进行处罚时，很可能公司已经破产，法人不复存在，也有可能原来的管理层已经离职。由于这些因素的存在，使原本有效的市场处罚不能执行，因此处罚措施有效性降低，增加了财务困难公司管理层披露不实预告的可能性，影响投资者及分析师对业绩预告可信度的认识。

科赫（Koch，2002）检验了财务困境与管理层自愿披露的业绩预告可信度之间的关系，研究假设由于具有较高的潜在收益与极低的误导成本，当公司处于财务困境时，管理层有较强的动机提供误导性信息。研究发现财务困境公司的管理层盈余预告具有较大的向上偏差，并且其发布的预告比非财务困境公司的类似预告更不可信。科赫还发现管理层盈余预告乐观程度随着财务的困难程度的加深而增强。另外，从管理层盈利预告披露后分析师的盈利预测修订角度来看，财务分析师对财务困境公司的预告表示怀疑。可以看出，分析师从本质上忽略了财务困境公司对好消息的预告，而对财务困境公司的坏消息预告则表现出夸大的负向反应。弗罗斯特（Frost，1997）从股票价格反应与分析师预测修订看出财务困境公司披露可信度低。使用 UK 公司作为样本，其发现相较于非财务困境公司，财务困境公司的披露只引起小的股票价格反应。两个研究结论都支持：在判断管理层业绩预告可信度时，投资者与分析师都会受到公司所处财务状况的影响。已有文献都说明，情景激励对披露的可信度影响极大，特别是当管理层存在误导投资者动机时，披露明显不可信。于是在此基础上，提出以下研究假设：

假设5—3（a）：财务状况良好公司的管理层业绩预告可信度高于财务状况较差的公司，其带来的市场反应较强烈。

2. 行业竞争环境

企业的政治成本、竞争劣势成本等私有成本会因行业而异（Verrecchia，1983），这些成本正是企业进行信息披露决策时所考虑的重要因素，因此，行业的差别会影响到企业的自愿披露水平和信息披露的质量。另外，私有信息能确保公司享有竞争优势，并获得超额租金[①]（Besanko et al.，2000），处于缺乏充分竞争即行业集中度高的公司，为了保持较高的超额收益，存在较大的动机通过各类信息披露行为，打消其他公司进入该行业的念头，其披露的盈余

[①] 行业集中度常被作为私有信息的替代变量（Bamber and Cheon，1998；Harris，1998），此时的实证研究结论为，行业集中度高的公司利润更高。

预告可能会相对悲观。

通过以上分析，可以发现比较于自由竞争的行业，相对垄断行业中的企业往往缺乏高质量信息披露的动机，而它们为了保持高垄断地位带来的高额利润，公司会有披露不实盈余预告的偏向。于是在此基础上，提出以下研究假设：

假设5—3（b）：行业竞争程度与管理层业绩预告可信性成正比，即相对于垄断行业，市场对处于竞争激烈行业公司的业绩预告反应更强烈。

（三）内外部保证

会计信息从内部生成到对外披露必须经过三层监管，首先是上市公司的内部监管，如第一大股东比例、董事长与总经理两职分离及机构投资者持股等；其次是外部监管，包括注册会计师的审计鉴证、交易所的监管与证监会的事后监管等[①]；最后是社会监管，如市场分析师与新闻媒体的监督。每道监督程序的有效性都影响着投资者对信息可信性的判断。管理层披露的业绩预告信息也不例外，投资者除了依据管理层可信度与利益动机判断业绩预告可信性外，业绩预告的内外部保障措施与机制也是必不可少的需要考虑的因素。

1. 公司内部监管

公司治理是公司内部监管主要因素，其与信息披露质量的关系是学术研究关注的重点。公司治理与公司信息披露存在正向关系，即公司治理良好的公司，较少出现盈余管理和欺诈，因此，信息更可靠，市场反应更大。股权集中度、董事长与总经理两职分离、机构投资者持股作为公司治理结构中重要的制度安排，在监督财务呈报、促进公司财务信息披露以及提高信息披露质量方面具有一定的

---

① 由于我国上市公司披露的业绩预告较少进行审计，所以在这里不考虑这一因素。

积极作用。鉴于这三类信息可以快速有效地从公司各类披露中得到，本书提出以下假设：

假设5—4（a）：公司治理中的大股东持股比例、董事长与总经理两职分离及机构投资者持股比例均影响着市场对公司业绩预告的反应，大股东持股比例低、机构投资者持股比例高、董事长与总经理两职分离的公司，其业绩预告市场反应强于其他公司。

2. 市场分析师关注

根据信息不对称理论，管理层通过调整市场期望而缓解与投资者间的信息不对称状况。因此，当关注上市公司的分析师数量越多时，意味着管理层与分析师间沟通较充分，管理层披露的预告中则包含较少的未预期信息，即公司的信息不对称越低。此时，市场对管理层披露的业绩预告反应较弱，即关注的分析师数量与市场股价反应负相关。班伯和川（Bamber and Cheon，1995）发现某些收益披露的弱性市场反应与大量分析师关注有关。

但另一种观点认为，公司未来盈余信息的主要提供者有公司管理当局和财务分析师，从某种意义上说，管理层与财务分析师在盈利预测信息的提供上是竞争的双方[①]，因此，市场分析师可以通过竞争性的预测信息提供机制改善公司管理层业绩预告质量，提高其可信性。管理层从自身利益出发提供高质量业绩预告信息以提高自己的声誉与企业的市场价值。威迈尔（1986）发现更多的分析师关注可以增加公司收益的准确性。基于上述两种观点，本书提出以下假设：

假设5—4（b）：市场分析师关注度会影响公司管理层业绩预告披露的可信度，但影响的方向不明。

[①] 由于市场分析师能利用最新的公司信息，并将经济形势变化及时地融入盈利预测，因此，他们的盈利预测比时间序列模型更准确（Brown and Rozeff，1978；Brown et al.，1987），并且他们的盈利预测也确实能影响股票价格。

第三节 变量选择与检验模型设计

一 样本与数据

考虑到将前期预告准确性程度作为管理层披露可信度的替代变量，因此，本部分只选择了 2008—2013 年两市主板 A 股所有进行年度业绩预告的公司作为样本初始选择范围，经过以下程序的筛选，最后得到 452 个数据无缺失样本：

（1）为排除其他信息披露对业绩预告事件市场反应的干扰，去掉预告日与当年半年报或第三季度报告日期重合的预告；

（2）为排除年报信息可能存在的提前泄漏造成对业绩预告事件市场反应的干扰，去掉业绩预告日与当期年度报告披露日间隔小于 30 个工作日的公司；

（3）去掉 ST 公司及预告修正公告；

（4）去掉其他变量有数据缺失的样本。

样本公司股票交易数据来自 CSMAR 数据库，并经过 EXCEL 和 STATA 12.0 进行数据处理。

二 研究方法选择

最先提出事件研究方法的是多利（Dolly, 1933），他运用"事件研究法"考察了 1921—1931 年间 95 个股票分割样本的股价效应。随后事件研究法得到进一步完善，最终是鲍尔和布朗（1968）和法玛等（1969）的研究使该方法得到成熟。其中鲍尔和布朗（1968）最早采用了累计异常报酬法检验了年报会计信息含量及其对股价的影响[1]。该方

---

[1] Ball, R. and Brown, P., "an Empirical Evaluation of Accounting Income Numbers" *Journal of Accounting Research*, Vol. 6, 1968.

法运用有效市场假设,认为在有效市场上,某个事件对企业的影响会在相对短暂的一段时间内反映在相应的资产价格变动上,因此可以通过对上市公司股价异常变动的计量分析来评价事件的影响。陈晓等(1997)认为我国证券市场已达到弱式有效,市场对公司信息已具有较快的反应速度,但还没有达到半强式有效。

因此,本部分采用事件研究法,通过研究业绩预告披露事件对事件窗口股票报酬率的影响,找到影响预告信息可信度的因素。

(一)估计窗、事件日、事件窗的确定

为了方便事件法研究过程的说明,现将各种期间定义如下,并如图5—2所示的时间线表示。

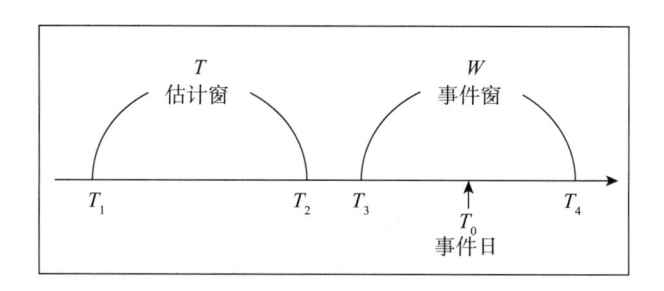

图5—2 事件研究法时间线

本书选择业绩预告披露日为事件日,如果预告日为非交易日,则选择原事件日后一个股市交易日为事件日,以 T_0 表示。

T_1 至 T_2 为估计窗,共计 $T_2 - T_1 + 1$ 天,用建立预期模式,合理预期某公司股价在事件窗不受事件影响下的正常报酬。目前文献显示,如果以日报酬率建立估计模型,估计期间通常设定为100天至300天,因此,本书选择事件日前20天至200天,共181天作为估计窗。

T_3 至 T_4 为事件窗,包括事件发生前后的一段时间,包括事件日在内共计 $T_4 - T_3 + 1$ 天,该期间内的公司股价因受到事件信息影响而发生变动。与估计期一样,事件窗长度的设定没有客观标准,一般就日报酬率而言,多介于2天至121天。本书分析选择事件前10天至后10天(-10至+10,共21天)、前4天至后4天(-4至+4,共9天)作为事件窗。相应的累计非异常回报率以$CAR_{-10,10}$与$CAR_{-4,4}$表示。后期分析主要以$CAR_{-4,4}$为主,将$CAR_{-10,10}$用作稳健性检验。

(二)正常报酬、异常报酬的界定

正常报酬是指假设不发生该事件条件下i公司在事件窗某一特定日t的预期报酬[$E(\hat{R}_{it})$],由市场模型根据估计窗交易数据估计而来;而i公司在事件窗该特定日的异常报酬(AR_{it})是i公司股票在事件期内该特定日的实际报酬(R_{it})与同期期望报酬的差。即:

$$AR_{it} = R_{it} - E(\hat{R}_{it})$$

(三)累计异常报酬率的计算

累计异常报酬率(Cumulative abnormal returns,简称CAR)指i公司在事件窗内任意两日期间异常报酬率之和,即$CAR_{i,E}$,其中E表示事件期t_3到t_4。

$$CAR_{i,E} = \sum_{E=t_3}^{t_4} AR_{iE}$$

三 检验设计

对于假设5—1与5—2的检验,本书采用单因素分析法对均值进行检验。对于假设5—3与5—4检验,则是通过建立回归模型,分析这两类因素对CAR的影响。

(一)单因素分析

单因素分析是两个样本平均数比较的引申,它是用来检验多个平均数之间的差异,从而确定因素对研究对象有无显著性影响的一种统计方法。本书主要用其来检验在不考虑其他因素的情况下,具有不同特征的业绩预告累计异常报酬率间是否存在显著差异以及具有不同管理层可信度的业绩预告累计异常报酬率间是否存在显著差异。

检验假设5—2时,本书选用前期业绩预告准确性(ERRO)作为管理层可信度的替代变量。前期预测准确性以管理层当年业绩预告为基础,选取离本次预告最近一次精确度为1、2或3预告的准确性值,该值越小管理层可信度越高。理由如下:Davidson and Neu (1993) 认为管理层盈利预测正确性是管理层能力与公司经营风险的函数。管理层只能以当前可获知的信息为基础进行预测,如果管理层在使用合理程序及有效假设基础上仍不能进行准确预测,那么预测失败就很有可能是由经营风险引起。从这个角度来看,管理层的前期预测正确性可能不是恰当的管理层可信度的替代变量。由于研究的对象是投资者与分析师对管理层可信性的认知问题,因此,可以运用心理学中的归因理论(attribution theory)来考察。归因理论认为,人们更偏向于将事件的结果归因于素质因素(dispositional factors)而不是制度因素(situational factors)。素质因素是与人有关的内部因素,制度因素是个人不能控制的外部因素。根据归因理论,投资者会将管理层预测失败的原因归于内部因素,例如,管理层预测能力不足,或者管理层业绩预告存在主观上的瑕疵,并据此调低管理层可信性。相反,如果管理层前期业绩预告正确,投资者增加管理层可信性认识增强。

研究管理层可信度与投资者对管理层业绩预告反应之间关系的文献,虽然在研究方法与变量计量上存在差异,但大多都使用管理层前期预告准确性或有用性作为管理层可信度的替代变量(Baginski and Hassell, 1990; Williams, 1996; Hirst et al., 1999; Mercer, 2001; Mercer, 2004; Mercer, 2005)。赫斯特等(1999)发现,管理层前期预测的准确性影响着当期披露可信性,是投资者依据管理层盈利预测进行决策时必须考虑的一个重要因素。哈塞尔等（1988）以前期收益预测值与实际值的差额作为管理层可信性的变量，发现分析师会根据管理层发布的预测修订其收益预测值，说明管理层可信性影响当期盈利预测披露效果。与前两项研究不同，威廉姆斯（1996）关注预测质量，以管理层前期预测有用性（prior forecast usefulness）替代管理层可信性，研究管理层可信性与分析师反应的关系。这里前期盈利预测有用性被认为是信息使用者对前期盈利预测披露信息的使用情况，反映管理层预测意图与能力，结果发现当管理层过去的盈利预测有用时，分析师更愿意依据当前管理层预测进行决策。除了采用市场数据进行研究外，还有学者采用行为研究方法（Benjamin and Strawser, 1976），通过向实验参与者提供前期业绩预告正确性消息、失误原因解释及含有当期业绩预告的年度报告等资料，观察参与者的决策行为。

检验时其他分组标准说明：在对影响因素进行组间均值比较时，本书首先按消息性质分为好消息组与坏消息组；再在两组内分别根据准确性、精确度、及时性及自愿性分组。具体来说，根据前期准确性将好、坏消息两组分为准确样本与不准确样本，准确样本指 ERRB 小等于其中位数的样本，不准确样本指 ERRB 大于中位数的样本；根据精确度程度分为精确样本与不精确样本，精确样本精确度取值 2 或 3，不精确样本精确度取值 0 或 1；根据及时性分为及时样本与不及时样本，及时样本指 DAYS 大等于其中位数的样本，不及时样本指 DAYS 小于中位数的样本；根据是否自愿披露分为自愿样本与非自愿样本，自愿样本 VOLU 取值 1，非自愿样本 VOLU 取值 0。

（二）回归模型检验

为检验前文提出的假设 4—3 与 4—4，构建模型如下：

$$depvars = b_0 + b_i \sum indepvars + b_i \sum convars + \varepsilon_i$$

其中，$depvars$ 是被解释变量；$indepvars$ 表示解释变量；$convars$

表示控制变量。模型的被解释变量、解释变量与控制变量具体如表5—1所示。b_0为截距项，b_i、b_j为各变量的系数，分别表示各因素对被解释变量的影响程度，ε_i是随机项。

表 5—1　　　　　　　　　　变量定义表

变量类型		变量符号	变量定义
被解释变量		CAR	累计异常报酬率
解释变量	预告环境动机	ZSCO	财务状况指标：Z 指数
		HHI	行业集中度指标：公司所在行业中各市场竞争主体占行业总收入或总资产百分比的平方之和
	内外部保证	CR1	股权集中度：第一大股东持股比例
		INST	机构持股比例：机构投资者持股数量/总股数
		CEO	董事长兼任总经理：两职合一时，CEO = 1；否则，CEO = 0。哑变量
		NUM	业绩预告披露日关注该公司的分析师数量
控制变量		SIZE	规模控制变量：期末总资产对数
		P/B	私有成本控制变量：期初市净比 = 普通股市值/净账面价值
		INDU	行业控制变量：公司为制造行业时，INDU = 1；否则，INDU = 0。哑变量
		DEBT	财务状况控制变量：资产负债率
		ROE	盈利能力控制变量：净资产收益率

四　变量选择

（一）被解释变量

根据"使用与满足"[①] 理论可知，信息的使用者是单个或多个具有特定需求的个体，他们的信息接触行为是基于特定的动机和需

[①] "使用与满足"理论属于传播学研究范畴，它站在受众的立场上，通过分析受众对媒介的使用动机和获得需求满足来考察大众传播给人类带来的心理和行为上的效用。同传统的信息作用于受众的思路不同，它强调受众的作用，突出受众的地位。该理论认为受众通过对媒介的积极使用，制约着媒介传播的过程。

求、进而使这些需求得到满足的过程。因此在探讨"可信度"的影响因素时，不少研究者发现，用户接触信息的动机和模式对于他们评估信息的"可信度"有着显著影响。同理，不同的使用者对于管理层披露的业绩预告信息可信度的认知存在差别，因此，对公司股票的估价会有差异，市场中也会出现同时有卖出与买入股票的行为。但通过市场竞价而形成的股票交易价格体现的是投资者作为整体对于当前股票价值的估计，反映了当前市场上公开可得的信息，其中包含管理层披露的业绩预告信息。所以，本书虽然从信息使用者认知的角度来研究管理层业绩预告披露的可信度，但未将每个使用者个体的认知作为研究对象，关注的是以股价反映出来的整个投资者主体对管理层业绩预告的看法。根据已有研究文献，如詹宁斯（1987）与赫顿等（2003）定义管理层预测可信度为投资者对管理层预测的反应程度，本书以累计异常报酬率，即市场对某预告披露事件的市场反应衡量市场对该预告的信任程度。

（二）解释变量

本章检验假设5—3与5—4需使用的各变量定义如表5—1所示。

截面事件研究中，变量遗漏常常影响到对被解释变量的解释。为了控制可能对被解释变量存在影响的其他变量，加入如表5—1所示控制变量。

第四节　统计结果与分析

一　单因素检验结果与分析

图5—3报告了在将样本按消息好坏分组后，两组样本在事件窗［-10,10］内CAR均值的分布。

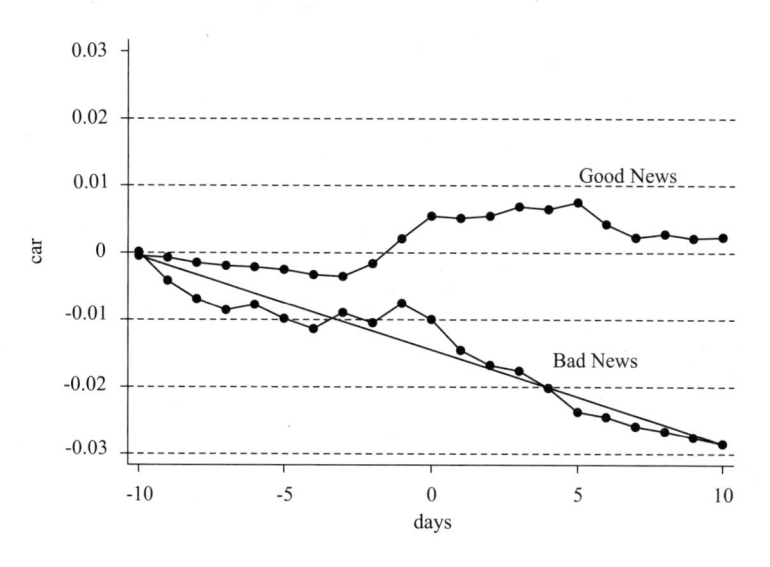

图 5—3　事件窗内 CAR 均值分布

选择事件日前四个交易日到后四个交易日为主要分析对象，分别计算两组样本 $CAR_{-4,4}$ 的均值。表 5—2 报告了好消息与坏消息两组样本 $CAR_{-4,4}$ 均值及检验结果。

表 5—2　好消息与坏消息样本 $CAR_{-4,4}$ 均值检验

	\multicolumn{3}{c}{$CAR_{-4,4}$}
	样本数	均值	方差
好消息组	161	0.0084974 **	0.0632441
坏消息组	291	−0.0083692 **	0.0864561

注：均值比较为 T–Tests 的 t 值，***、**、* 分别表示在 1%、5% 和 10% 水平上显著。

表 5—3 报告了按预告特征分组的业绩预告样本 $CAR_{-4,4}$ 均值、方差及 t 检验情况。

表 5—3　　　　　　好消息组与坏消息组按预告特征分组统计

	好消息组 CAR$_{-4,4}$			坏消息组 CAR$_{-4,4}$		
	样本数	均值	方差	样本数	均值	方差
前期准确性高样本	93	0.0168176*	0.0771378	142	-0.020371	0.2292723
前期准确性低样本	68	-0.0028819*	0.0420417	149	0.0030688	0.0627894
自愿披露样本	14	0.035927*	0.068732	48	-0.0531757**	0.3827373
非自愿披露样本	147	0.0058807*	0.0645373	243	0.0004815**	0.0653941
精确度高样本	136	0.0068961	0.0680036	243	-0.0092489	0.1810047
精确度低样本	25	0.0172083	0.0476689	48	-0.003916	0.047378
及时性强样本	119	0.0035345*	0.0645609	141	-0.017405	0.2319175
及时性弱样本	42	0.0225588*	0.0629867	150	0.0001245	0.056928

注：均值比较为 T-Tests 的 t 值，***、**、* 分别表示在 1%、5% 和 10% 水平上显著。

结合图 5—3 与表 5—2、5—3，可以得出以下结论：

（1）从图 5—3 可以看到，好消息组 CAR 均值分布在 0 上下，且从 -1 天开始逐渐向上，直至 +5 天时，CAR 均值开始向下，表示 +6 天 AR 均值为负，消息效应结束。坏消息从 -10 天开始 CAR 均值向下趋势明显，在 [-10, 0] 窗口，该组获得了 -1% 的累计异常报酬率；事件日前 5 天，CAR 均值趋于平稳，但从事件日开始，坏消息组 CAR 均值快速下降，直到事件日后第 10 天；在 [0, 10] 窗口，坏消息组获得了接近 -2% 的累计异常报酬率。这说明好消息不存在提前泄漏的可能，而坏消息公司未来盈余的信息一方面存在提前泄露的可能，另一方面也存在过度反应。这一方面可能与市场对于业绩差或者业绩严重下滑公司的关注有关，另一方面也可能是因为这类公司管理层为避免因为经营状况差于市场预期而承担信任及诉讼风险而提前与市场参与者进行沟通。

从表 5—2 可见，好消息组 CAR$_{-4,4}$ 均值为正，而坏消息组 CAR$_{-4,4}$ 均值为负，且均通过了 t 值双侧检验，说明我国年度业绩预告具有信息含量。早在 20 世纪 80 年代国外就有关于管理层盈利预测能够影响股票价格的研究结论[①]，本部分也得出同样的结论，验证了早期的研究结论。

（2）在好消息与坏消息组内，再次分别按前期准确性高低、自愿与非自愿披露、精确度高低与及时性强弱进行分组，比较各组 $CAR_{-4,4}$ 均值，并进行双侧 t 检验。表5—3报告了按预告特征分组的业绩预告样本 $CAR_{-4,4}$ 均值、方差及 t 检验情况。可以看出，对于好消息预告，前期准确性高、自愿披露以及披露时间接近年报披露日期的预告产生的 $CAR_{-4,4}$ 均值均高于对照组样本均值，因此，市场对这些样本的反应更强烈，且均在不同显著性水平上通过 t 检验；对于坏消息预告，仅按自愿性分组通过了 t 检验，自愿披露的坏消息 $CAR_{-4,4}$ 绝对值大于对照样本，说明自愿披露的坏消息预告比非自愿披露的坏消息带来的市场反应更大。研究结论验证了假设5—1（a），假设5—2仅在好消息组样本内得到验证；预告及时性的影响仅在好消息组样本内显著，且与假设5—1（c）相反，可能是因为披露越晚的业绩预告不确定性越少，市场认为其预告值与实际值越接近，因此反应更强烈；假设5—1（b）没能通过检验，可能是由于检验需要根据消息类型进行分组[②]，消息类型这一变量中不包括精确度取值为0的样本，而精确度取值为0的描述型预告与其他数量型预告间存在质的差异，余下样本中的数量型预告间差异不受投资者太多关注，对检验结果产生了影响。总体看来，研究说明市场对好消息预告的预告特征较为关注，投资者在根据好消息进行投资决策时常通过预告的具体特征对信息进行判断；而对于坏消

[①] 早期研究，如 Patell（1976）、Penman（1980，1983）、Waymire（1984）、Ajinkya and Gift（1984）及 Pownall and Waymire（1989）已经发现管理层的盈利预测披露会导致股票价格变动。

[②] 根据本书目的，采用事件研究法计算平均异常报酬率时需要将样本以消息好坏为标准进行分类，以确保子样本中研究事件对股价的影响具有相同方向性，以免在平均化的过程中消除了或减小了事件对股价的影响。

息，投资者则较多根据消息披露的自愿性进行决策，较少关注预告的其他特征。

二 多元回归结果与分析

（一）描述性统计

表5—4报告了各主要变量①的描述性统计结果，包括均值、中位数、标准差、最小值与最大值。

表5—4 主要变量描述性统计

	均值	中位数	标准差	最小值	最大值
样本数（$n=452$）					
$CAR_{-4,4}$	-0.0023614	-0.002913	0.1392552	-2.625449	0.4217051
ERRB	0.852539	0.0735165	3.08517	0.0001648	28.45878
ZSCO	3.164625	2.039989	3.632236	0.0576465	33.67118
HHI	0.0710199	0.0510488	0.0677986	0.0115146	0.3592412
CR1	37.3049	35.45405	16.9371	3.6919	85.2318
INST	47.13257	47.29175	20.49793	2.5264	88.4105
CEO	0.1017699	0	0.3026805	0	1
NUM	8.391593	5	8.946216	1	46
VOLU	0.1371681	0	0.344406	0	1
PREC	2.128319	2	0.6601712	1	3
DAYS	76.63938	73	27.71538	30	184
NEWS	0.3561947	0	0.4794043	0	1

ERRB较低的中位值说明样本总体上准确度比较理想，但个别公司极高的差异率导致该变量平均值过大②；样本公司第一大股东

---

① 为说明管理层可信度及业绩预告特征等变量情况，表中的描述性统计包括为检验假设5—1与5—2所运用单因素分析法中的因素。

② 由于当业绩预告为开区间预告时，取开区间极值作为管理层预告值，因此可能导致公司实际收益值与预告值间差异过大。

持股与机构投资者持股比例普遍较高;分析师关注的最大值与最小值相差较大,且均值不高,这说明我国分析师市场还有待完善,其效果还有待进一步检验;VOLU平均值较小,更接近于0,因此预告公司中自愿披露预告样本远小于被强制披露样本数;由于样本中已去掉描述性预告,所以预告值为2左右;由于样本筛选时去掉DAYS小于30的样本,因此预告披露与年报披露时间间隔均值为73,说明样本预告及时性良好。

(二)相关性分析

表5—5报告了所有变量之间的相关系数。结果显示,除个别自变量间相关性系数较大外,其他各变量间的相关系数绝对值均位于0.1以下,因此可以判断模型不存在多重共线性问题。除HHI外,因变量与其他自变量间的关系均与假设相符。由于相关性系数反映的是单因素检验,各变量间的关系还要结合模型回归结果加以判断。

表5—5　　　　　　Pearson(Spearman)相关系数表

	$CAR_{-4,4}$	ZSCOR	HHI	CR1	INSTI	CEO	NUM	NEWS
$CAR_{-4,4}$		-0.0171	0.0459	-0.0738	0.0545	-0.0633	0.1350***	0.0445
ZSCO	-0.0430		0.0266	-0.2491***	-0.1789***	0.1495***	0.0022	-0.0117
HHI	0.0533	0.0671		-0.0197	-0.0270	-0.0255	-0.0515	-0.0009
CR1	-0.0544	-0.1833***	0.0079		0.4822***	-0.2037***	0.2122***	0.0081
INST	0.1006**	0.1192**	-0.0181	0.4699***		-0.1439***	0.4176***	0.0347
CEO	-0.1361***	0.1458***	-0.0616	-0.1997***	-0.1471***		-0.0804*	-0.0670
NUM	0.0502	-0.0006	0.0903*	0.1306***	0.3815***	-0.0713		0.0180
NEWS	0.0581	-0.0548	0.0503	0.0179	0.0480	-0.0670	0.0475	

注:***、**、*分别表示在1%、5%和10%水平上显著。各变量定义与样本数量见前方解释,对角线下方是Pearson相关系数,对角线上方是Spearman相关系数。

(三)回归结果分析

本书运用STATA对模型进行OLS估计,表5—6报告了模型的回归结果。总体说来，全样本回归模型 F 值在 1% 水平上显著，坏消息样本回归模型 F 值在 5% 水平上显著，而好消息样本回归模型没能通过检验；全样本与坏消息样本模型 VIP 值均小于 2，解释变量间不存在严重的共线性问题。

表 5—6 回归结果

被解释变量	全样本 系数	全样本 T	好消息 系数	好消息 T	坏消息 系数	坏消息 T
截距项	0.0494	0.32	0.1313	0.94	0.0269	0.11
HHI	0.1918	1.71*	0.1232	1.54	0.2129	1.14
CEO	-0.0608	-2.76***	-0.0220	-1.09	-0.0715	-2.25**
INST	0.0010	2.69***	0.0002	0.59	0.0014	2.46**
CR1	-0.0012	-2.65***	-0.0003	-0.72	-0.0017	-2.45**
NUM	-0.0002	-0.26	0.0007	0.93	-0.0004	-0.27
ZSCO	-0.0040	-1.52	-0.0016	-0.52	-0.0036	-0.95
P/B	-0.0011	-0.57	-0.0012	-1.14	-0.0030	-0.47
SIZE	-0.0010	-0.14	-0.0050	-0.78	0.0002	0.02
INDU	0.0248	1.62	-0.0012	-0.09	0.0339	1.46
A/C	-0.0007	-1.41	-0.0003	-0.6	-0.0008	-1.14
ROE	0.0002	0.53	0.0002	0.44	0.0000	0.05
调整 R^2	0.0359		0		0.0337	
F 值	2.53***		0.89		1.92**	
VIF	<1.6		<1.9		<1.7	

注：（1）原始模型及变量意义参见前述"检验模型设计"；

（2）***、**、*分别表示在 1%、5% 和 10% 水平上显著（双尾检验）。

通过检验的两个模型的 $Adj-R^2$ 均小于 0.04，说明模型中因变量对于 CAR 解释力度较低。许多学者在研究影响市场反应的因素时，回归模型的 $Adj-R^2$ 值均较低，一般在 2%—5%，高的也不超过 10%。对此，许多学者认为该现象可能是由于缺少其他变量所引起的，本书在模型中加入了多种控制变量，控制变量均没通过检验,且对整个模型的解释力度影响也不大。

从回归结果看,CEO、INST、CR1 与 HHI 对市场反应的影响通过检验,除 HHI 系数符号与假设不符外,其他三个变量反应系数均与假设一致。另外,关注公司的分析师数量与财务状况指标没有通过检验,但其中财务状况指标系数的 t 值与 2 较为接近,其符号也与预期一致。三个模型中,好消息样本没能通过模型,而总样本与坏消息模型结果相同。

在预告利益动机与内外部保证方面,机构投资者持股比例高、行业集中度大的公司披露的业绩预告更易得到市场信任,市场的反应更强烈;董事长兼任总经理、大股东持股比例、公司财务状况不佳的公司则得到相反的结果。多数前述假设观点得到验证,即市场认为股权集中度、董事长与总经理两职分离、机构投资者持股作为公司治理结构中重要的制度安排,在监督财务呈报、促进公司财务信息披露以及提高信息披露质量方面具有一定的积极作用,治理良好的公司披露的业绩预告可信度高,引起的市场反应更强烈;市场对业绩预告可信度的看法也会因为公司自身财务状况而变化,他们认为当公司发生财务困难,公司管理层有更大可能出于各种原因披露不实的业绩预告,因此,其业绩预告可信度较低,市场反应相对较弱;公司所在行业集中度对市场反应的影响与之前假设有所不同,市场对垄断行业公司披露的业绩预告更加信任,这可能是由于投资者在投资决策时常将垄断行业公司与高盈利水平联系在一起这一惯性思维使然。作为外部保证的分析师关注并没有通过检验,说明信息不对称理论与信息竞争源假设在我国均不成立,投资者并不看好分析师在促进信息披露质量方面的作用,因此,分析师的市场作用暂时有限。

(四) 敏感性测试

为检验模型回归结果的稳健性,本书另外选择业绩预告前十天至后十天共21天作为事件窗，以该窗口累计异常报酬率$CAR_{-10,10}$作为因变量进行回归。表5—7报告了敏感性测试回归结果，与表5—6结论没有实质上差异，因此，认为研究结论比较稳健。

表5—7　　　　　　　　　敏感性测试回归结果

被解释变量	全样本 系数	全样本 T	好消息 系数	好消息 T	坏消息 系数	坏消息 T
截距项	0.0647	0.18	0.1788	0.92	0.0819	0.15
HHI	0.4147	1.63*	0.0653	0.59	0.6570	1.52
CEO	-0.1518	-3.05***	-0.0387	-1.37	-0.1821	-2.48**
INST	0.0025	2.82***	0.0004	0.76	0.0034	2.59***
CR1	-0.0024	-2.37**	-0.0003	-0.51	-0.0035	-2.18**
NUM	-0.0021	-0.98	0.0007	0.67	-0.0031	-0.90
ZSCO	-0.0053	-0.90	-0.0027	-0.63	-0.0029	-0.33
P/B	-0.0021	-0.48	-0.0010	-0.68	-0.0124	-0.84
SIZE	-0.0036	-0.22	-0.0080	-0.89	-0.0048	-0.19
INDU	0.0716	2.07**	0.0102	0.59	0.0961	1.80*
A/C	-0.0007	-0.60	-0.0002	-0.31	-0.0007	-0.43
ROE	0.0001	0.17	0.0005	0.82	-0.0001	-0.07
调整R^2	0.0321		0		0.0363	
F值	2.36***		0.55		1.99**	
VIF	<1.6		<1.9		<1.8	

注：***、**、*分别表示在1%、5%和10%水平上显著（双尾检验）。

第五节　实证研究小结

一　业绩预告特征

业绩预告特征包括披露方式（属自愿披露还是按法规要求披露）、业绩预告的精确度、业绩预告的时间选择等，构成了预告信息的主要内容，不同特征会带来不同的经济后果，同时影响着预告信息的可信度。业绩预告的自愿性特征影响着市场对预告的反应程度，自愿披露的预告市场反应明显高于非自愿披露的预告，且在好消息与坏消息两组样本中均通过检验；遗憾的是，业绩预告的精确度特征在两组样本内均没通过检验，可能的原因是在数据处理过程中丢失了描述型这一重要类型预告样本；业绩预告及时性对其可信度具有负面影响，即市场对于较晚披露的业绩预告反应更加强烈，这可能是因为市场认为披露较晚的业绩预告不确定性越少、其预告值与实际值更加接近，因此，对其真实性更加信任。总之，业绩预告披露之后，投资者会根据消息类型选择关注的特征，当其面对好消息时，投资者将根据预告的自愿性、及时性等作出决策；而对于坏消息的披露，除了消息是否自愿披露这一特征外，投资者较少关注预告的其他信息。

二　管理层可信度

管理层可信度是关于某一公司管理层的变量与特征，对于同一公司而言，该变量相对稳定，但也会根据市场接收到的新消息而改变。虽然专业能力是管理层可信性的一个方面，但也只有当专业能力强的管理层具有诚实交流意愿时，才被认为是可信的。因此，投资者常以事前的证据来决定管理层的可信性，在管理层曾经披露过业绩预告情况下，市场将这些预告的正确性理解为管理层即信息源的可信性。并且这一观点已得到已有文献的证明。因此，本书选用前次业绩预告准确性作为管理层可信度替代变量，采用单因素分析法进行检验，发现业绩预告为好消息时，市场对于前期预告准确性高的预告反应更强烈，认为预告信息更可信；但遗憾的是，并没有发现这一规律也适用于坏消息披露。因此，管理层的可信性在一定程度上影响着业绩预告的可信性。

三 预告环境动机与内外部保证

业绩预告信息供应链上的预告环境动机与内外部保证影响着预告信息的可信度。财务状况良好的公司会出于对违规成本的畏惧而减少不实的业绩预告披露，因此其披露的预告信息可信度更高；投资者可能出于收益率的考虑，对垄断性行业公司业绩预告的反应更强烈；另外，完善的公司治理结构被认为可以保证预告信息的质量，因此，股权集中度、董事长与总经理两职分离、机构投资者持股作为公司治理结构中重要的制度安排，在监督财务呈报、促进公司财务信息披露以及提高信息披露质量方面具有一定的积极作用，治理良好的公司披露的业绩预告可信度高，引起的市场反应更强烈；而市场分析师在业绩预告信息供应链中的作用并未得到验证。

从本章研究结论可看到，公司管理层披露的业绩预告可信度受到预告信息供应链上各个环节影响，即业绩预告特征与管理层可信度、预告环境动机、内外部保证等其他因素共同影响着管理层业绩预告披露可信度。管理层、投资者、监管层均可从结论中得到启示，并改变决策方式。

第六章

完善业绩预告披露的政策建议

第一节 建立健全业绩预告披露法规

一 继续实行业绩预告半强制性披露制度

不同国家或地区对证券市场业绩预告的监管方式不同。经济发达、市场成熟的国家如美国、英国、新加坡等对业绩预告都采取自愿披露的政策，因为此类证券市场立法完善、执法严格、市场有效性强，披露的信息都能被反映到股价中，以帮助投资者进行决策。而在较不成熟的资本市场如我国的证券市场上，市场法规还有待完善，市场有效性弱，上市公司披露业绩预告的积极性不高，选择性披露现象较多，如果完全采取自愿性披露的方式，业绩预告制度很可能难以发挥作用。因此，这类市场的业绩预告信息应当以强制性披露为主，同时建立有效机制鼓励自愿性披露。目前，我国对于业绩预告实行的正是半强制性披露，即只有属于业绩预告制度要求范围内的公司需要强制披露公司业绩预告，其他公司可自行决定是否披露相关信息。这种半强制性业绩预告信息披露制度有利于投资者及时、公平地获取信息，并在一定程度上保障了预告信息的可靠性，较大限度地改善了证券市场上信息不对称的状况。

二　进一步完善业绩预告法规体系

上市公司信息披露的违规行为中有很大一部分是源自信息披露时间、程序、内容、格式、渠道等规范上的随意性，上市公司很可能利用这些模糊性制度安排或漏洞，进行虚假或者误导性披露。目前，我国关于业绩预告的制度较为分散，常见于深沪交易所分别发布的规范定期报告的临时性通知以及股票上市规则中，除此之外，证监会和证券交易所还会发布一些解释性或指引性文件，其中也存在着对业绩预告的相关规定。这些规则的适用时效和适用范围非常有限，没有一个文件能系统地从时间间隔、主体范围、形式要求、披露时间等各个方面对业绩预告作出明确的规定。如证券交易所在每次披露定期报告之前都会发布关于做好上市公司定期报告工作通知，其中关于业绩预告的规定每年都可能发生变化，需要上市公司在每次业绩预告披露前了解对本次披露的规定，而没有一个统一、系统的规定供上市公司遵守。另外，关于业绩预告的规范的法律层次也较低，这也为上市公司形成一贯的、规范的业绩预告披露习惯增加了难度。我国业绩预告经过了多年的发展，现阶段已较为完善，如果能将分散于各个文件中的规定加以整合，形成法律层次较高的成文制度，将非常有利于对业绩预告的监管和达到改善业绩预告披露质量的目的。

三　完善业绩预告披露的规定

（一）明确业绩预告修正标准

2006年深交所颁布的《上市公司信息披露工作指引第1号——业绩预告和业绩快报》对业绩预告修正进行了具体规定：实际业绩与业绩预告的变动方向不一致的，包括大幅上升、大幅下降、维持不变、扭亏、亏损，或实际业绩与业绩预告的变动幅度差异超过50%的，应当及时披露业绩预告修正公告。监管方一方面可能考虑到投资者对预告信息理解的个体差异以及对预告误差承受力差异，另一方面考虑到"一刀切"的修正标准会给公司带来额外的披露成本，因此，业绩预告的修正标准在此后的相关规则中变得更加模糊，只要求在披露业绩预告后，上市公司如果预计本期业绩与之前已披露的业绩预告差异较大的，则要按规定及时披露业绩预告修正公告。由于没有对"差异较大"作出具体的规定，上市公司拥有了更大的选择权，一些上市公司虽然实际业绩与业绩预告相差很大，却没有修正业绩预告，致使业绩预告准确性下降，误导了投资者。另外，一些公司过于频繁地修正业绩预告，给投资者带来困扰，对于这类行为监管部门目前并没有处罚措施，这也会影响投资者对预告信息的解读。鉴于修正标准缺失给投资者决策带来的不便，规则里应确定一个普遍适用的修正标准，既考虑到投资者决策需要，又能兼顾公司的披露成本。

（二）统一业绩预告精确度范围

我国对业绩预告的披露精确度并未作强制性规定，上市公司可采取多种形式进行业绩预告，如描述性预告、开区间预告、闭区间预告以及点值预告，精确性依次提高。其中，描述性预告多表现出语言模糊、使投资者难以判断的特点，如"有一定幅度的上升"和"大幅度上升"等语言很难让投资者从中获取有用信息。区间预告的区间大小随意性较大，有的公司甚至出现了变动幅度在"-20% ~ 20%"等方向不明的业绩预告，在一定程度上降低了业绩预告的有用性。2012年1月深交所对创业板公司业绩预告中区间预告的变动范围作出了规定[①]，但对主板上市的公司却没有类似的规定，监管部门可以将此规定扩大，加强对区间预告的监管。点值预告精确度

[①] 深交所在2012年1月出台了《创业板信息披露业务备忘录第11号》，要求业绩预告中变动范围上下限差异不得超过30%，盈亏金额预计范围不超过500万元。

最高，但在所有预告类型中占比较小，除了点值估计本身难度较大外，上市公司也可能为了规避处罚而选择比较稳健的其他预告类型。披露精度的任意性将会给上市公司带来隐瞒实际业绩的空间，也会给衡量准确性增加难度。因此，尽管统一披露精度并非易事，监管部门还是可以作出一些约束，以提高预测信息的准确性和有用性。

（三）提前披露时间底线

我国目前规定上市公司应当在次年1月31日前披露业绩预告，这是对业绩预告及时性的起码要求。从技术上讲，年度结束时无论是收入、资产重组进度或其他经营情况都基本确定，此时披露业绩预告难度大大减小。如果将披露时间底线提前至年度结束前，更能满足多数投资者对预告信息及时性的要求。同时也鼓励管理层在更高的及时性层面上提供业绩预告信息。另外，由于不存在修正时间规定，不少上市公司总是赶在业绩预告截止期限前几天发布业绩修正公告，形成"修正高峰"，更有甚者过了截止期限后还在发布所谓的"业绩预告"。此时的业绩预告早已失去预告的意义，成为名副其实的历史陈述。因此应当将业绩预告披露及业绩修正公告截止日期提前，以提高预告信息的及时性。

投资者在解读业绩预告信息时，通常认为较早的预告可信度较低，即越及时的披露市场反应效果越差。因此，在提前披露时限时，还应充分考虑到信息的可靠性，在及时性与可靠性之间找到一个平衡点，这个平衡状态通常受到公司规模、内部治理、公司财务状况的影响。

四 设立"安全港"制度

业绩预告提供的是公司未来盈余的信息，而未来信息无法完全地准确计量，因而其信息披露完全有可能与实际出现差异，当投资者不能正确认识这种差异时,披露人就有可能遭受损失。据朱开悉(2003)调查,当公司披露未来的信息被证实存在偏差时,多数投资者倾向于由信息提供者承担责任。因此,鼓励管理层更多地披露这类未来收益的信息时,就必须通过制度设计解决信息披露误差的责任问题。

安全港制度是美国针对预测性信息而设置的一种免责制度,即只要上市公司在披露预测性信息时是基于诚信原则,所依据的基本假设都是合理的,即使作出的盈利预测与实际情况有所差别,也不应当追究其责任,从而达到鼓励上市公司积极主动披露预测性信息的目的。而我国缺乏与美国安全港制度相类似的免责制度,导致上市公司为了规避监管部门的问责不愿进行自愿披露或进行选择性信息披露。究其原因,一方面因为我国证券法没有民事责任,投资者基本不能直接向法院提起关于虚假陈述的民事赔偿;另一方面,中国证监会对违规者的处罚随意性较大,受罚者很少或根本没有为自己申辩的机会。上述两方面的原因共同导致了上市公司对安全港制度不再关心。为了鼓励那些基于善意的主动披露业绩预告的上市公司,建议在我国业绩预告的完善进程中借鉴美国的安全港制度,通过立法的形式使上市公司的业绩预告行为安全合法,促进资本市场健康发展。

五 建立业绩预告民事诉讼赔偿制度

在美国,公司若无法实现其盈利预测值,投资者可提起证券欺诈诉讼,要求信息披露人就其虚假陈述行为承担损失。我国目前对于证券欺诈的法律责任则主要集中于刑事责任和行政责任,对民事责任虽有规定,但缺乏具体可操作的规范,且不存在专门针对预测性信息的民事责任规定,投资者很难获得相应的赔偿。

我国法律规范中存在重行政、刑事责任而轻民事责任的问题,针对这一问题，应从以下几方面完善业绩预告披露的民事诉讼赔偿制度：首先，在业绩预告披露中引入民事赔偿制度，在相关法规及司法解释中细化对诸如原被告资格认定、损失范围认定、赔偿金额计算、举证责任等问题的规定；其次，借鉴美国经验，建立有效的诉讼机制，确立股东集体诉讼制度和股东代表诉讼制度，确保我国中小投资者得到合理、有效的诉讼救济，使违法者承担信息披露违规的民事责任，加强对违规信息披露者的外部约束；最后，建立多渠道的投资者权益保护中心，为利益受损的投资者特别是中小投资者提供法律援助，帮助其通过司法诉讼获得相应的民事赔偿。

第二节　加强对业绩预告披露的外部监管

一　优化自愿性披露激励机制

我国实行的是以强制性披露为主、自愿性披露为补充的业绩预告披露制度，这一制度在提高上市公司信息披露质量的同时，对增强证券市场有效性有着积极影响，且从本书研究结论可知，管理层是否自愿披露业绩预告是市场对信息反应程度的一个重要影响因素。但目前我国多数上市公司仅按照强制性信息披露标准进行例行的、以合规为目的的披露，自愿性披露的意愿并不强烈，这为内幕信息交易与操纵提供了空间。成本与收益是公司管理层在进行业绩预告自愿披露决策时需要考虑的一个重要因素，如果自愿信息披露的收益不能弥补其成本，那么对于没有被法规要求披露的自愿性信息，即使管理层已经获知也不会主动予以披露。因此，有必要建立一种自愿信息披露的激励机制，让管理层从自愿披露业绩预告中获利，并自愿对外披露私有信息。

对公司管理层的激励，指证监会、股东、潜在投资者以及资本市场其他利益相关者通过提高满足管理层需求的水平,使管理层自愿为减少信息不对称而增加向资本市场披露业绩预告信息的决策行动。具体制度可以包括:实行业绩预告信息汇总公示制度,定期公布包括预告准确性、是否自愿披露、披露时间等前期预告信息汇总;根据业绩预告历史披露信息汇总,分行业披露预告质量排名情况;建立业绩预告诚信档案,对业绩预告诚信情况进行登记,并给予一定奖励;对业绩预告信息披露质量好的上市公司,再融资时给予一定的优惠条件等鼓励政策等。针对深市上市公司业绩预告披露自愿性强于沪市上市公司这一结论,还应特别关注为沪市营造良好的信息披露环境。

二　加强事后准确性监管

决策有用性是业绩预告信息披露的目标,信息的准确性决定着其作用的发挥。因为业绩预告信息的准确性终究会被事后所证实,所以监管部门可以利用其可证实性特点进行监管。我国目前业绩预告差异率总体说来比较小,准确性高,且多年来基本保持稳定,差异率在50%以下的公司占比均在87%以上;但同时也可能存在上市公司为避免差异率过大带来的监管部门及市场处罚而操控应计盈余,人为地将差异率控制在50%以下的可能性。因此,对准确性的全方位监管非常必要,仍需要进一步提高预告准确性,减少业绩预告与实际披露信息之间的差异,使投资者对公司信息披露作出正确的解读。

由于我国现在实行半强制性披露制度,违规披露业绩预告的上市公司需要接受一定的处罚。但就目前我国处罚措施来看,基本停留在"通报批评"和"公开谴责"上,这样的处罚对上市公司影响较小,因此上市公司违规成本低、监管力度弱、难以起到警示和规范作用。上市公司在违规成本低的情况下,对业绩预告不能持非常认真和严谨的态度，业绩预告"变脸"情况频频发生，业绩预告的质量难以保证，给投资者获取决策有用信息带来了不少障碍。

可以从以下几方面加大监管力度、提高违规成本，提高业绩预告的准确性：第一，若实际收益与预告信息存在重大差异，应要求上市公司对差异原因作出解释，以促使公司在披露业绩预告时能综合考虑各相关因素，提高业绩预告的准确性。第二，严惩故意提供虚假信息或误导性陈述的公司，根据业绩预告信息质量对公司进行评级，并为每个上市公司建立信用档案，将其评级信息记入信用档案；根据上市公司的信息披露等级确定对该公司的监管频率、深度，并将再融资审核等制度与上市公司信用记录适当地结合，促使上市公司自觉地遵守业绩预告披露制度。第三，监管部门可以在监管中引入金额上的处罚，延长违规行为影响再融资的时限，甚至可以加入民事赔偿责任，通过加大处罚力度增加对业绩预告行为的约束，提高业绩预告的准确性。第四，也可以借鉴成熟资本市场的市场监管机制，营造诚信披露氛围，主要通过股票价格、证券分析师以及心怀不满的投资者机制来实现对业绩预告实现状况的监督。本书已经得出结论，说明公司前期预告的准确性会影响后期预告披露的市场反应，从这一角度来讲，说明市场自身已具备一定的对业绩预告准确性进行监督的能力。

第三节　发挥证券分析师约束作用

一　证券分析师的市场作用

（一）有效的未来盈余信息竞争源

目前我国上市公司业绩预告及其他未来盈余信息披露行为主要是在相关规则制度要求下产生的，在增加公司管理层披露主动性与积极性的同时也需要保证信息质量，在市场上产生与公司管理层信息相竞争的信息源是不错的选择。市场上的收益预测信息主要来自基于历史信息的时间序列分析、证券分析师预测及管理层业绩预告。运用时间序列技术预测盈利专业性太强，并不适用于普通投资者；而分析师预测有着专业背景强、技术先进、信息全面、易为市场获知等优势，在西方成熟资本市场已经是投资者依赖的预测性信息来源。因此，专业分析师提供竞争性的预测信息，一方面弥补了管理层预告的不足；另一方面对公司管理层起着一种刺激作用，增加了管理层业绩预告的动力与压力。

（二）专业信息解读与监督作用

证券分析师虽然处于业绩预告信息供应链末端，但随着我国资本市场的不断完善与发展，其在供应链中的作用愈发重要，他们不仅是上市公司财务信息的使用者，更是公司管理层与投资者之间信息沟通的桥梁，证券分析师除向证券市场提供盈利预测和推荐信息外，还会结合其在公开信息上的分析能力优势以及信息渠道资源优势[1]将信息分析结果从只属于分析师自我拥有的私有信息转化为市场公开信息，最终促进市场定价，调整市场效率等级，比如，巴恩和赫顿（Barth and Hutton，2000）研究发现，被较多证券分析师跟踪的公司的股票价格比那些被较少跟踪的公司股票更加迅速地融合有关应计收入和现金流量方面的信息。分析师对管理层信息理解上的偏差也将通过不同的途径对市场投资者产生影响，从而在某种程度上导致市场价格机制的扭曲，最终投资者的利益因此而受损。另外，市场证券分析师还会对公司管理层的行为发挥潜在监督作用（Lang，2004），并能够有效提高公司的盈余质量（杨世鉴，2013）。

---

[1] 分析师分析能力优势主要表现在宏观经济形势分析、行业分析及公司分析上；信息渠道资源优势主要表现在除大众渠道外，分析师可以利用与公司管理层的密切联系，获得未公开或半公开状态的信息。

二 加强证券分析师行业建设措施

证券分析师竞争信息源及信息解读功能的有效发挥，还取决于分析师独立客观的分析、专业素质水平与行业的规范性。而我国目前分析师市场尚不成熟，多数证券咨询机构并不是致力于收集与分析财务信息，其持有的私有信息较少，专业分析能力也有所欠缺，主要靠与客户合谋来赚取利润，存在较严重的分析取向与职业道德问题[①]。本书实证结果也没有发现证券分析师影响着市场对业绩预告信息的反应，因此我国市场上的分析师并没有起到其应有的作用，投资者对分析师信心不足。应从以下几个方面培育高素质的财务分析师与专业机构：

首先，提高证券分析行业准入标准，提高行业整体素质。虽然于1998年开始，我国便开始对证券从业人员实行资格认证要求，但准入门槛不高。而在美国要取得证券分析师资格需要通过三次考试，这一过程需要至少三年时间，且在取得资格后的从业期间内，需要在协会的组织下不断更新自身的专业知识。因此，建立高标准的证券分析师考核认证制度对提高我国证券分析师行业整体素质将起到决定性的作用。

其次，必须建立严格的行业规则，强调自律与监管并重。目前，中国证券业协会证券分析师专业委员会是分析师的自律组织，要求分析师以《中国证券分析师职业道德守则》提出的"独立诚信、谨慎客观、勤勉尽职、公平公正"为原则，但这些原则过于原则化和抽象化，缺乏切实可行的管理措施。因此，我国应借鉴国外行业自律经验，制定严格的证券分析师行业管理规则，要特别限定

[①] 分析师也存在不同的激励，买方分析师通过协助提高本机构投资组合的收益率，降低投资组合风险获得奖励，卖方分析师通过协助本公司提高股票经纪业务成交额或股票承销额来获得奖励，因此，卖方分析师易受到业务压力而出现偏向公司客户的误导性分析报告。

利益冲突时证券分析师的行为，例如，规定分析师在准备某个股票的研究报告或是在发布该公司报告后的一段时间内，不得买卖该公司证券；证券分析师的投资行为应与其推荐的股票买卖方向一致；证券分析师应公开披露其个人持股状况；证券分析师所在公司的投资状况也应适当披露；建立分析师评价制度与声誉机制等。除此之外，由于分析师与某些投资银行或公司间的特殊利益关系，还应当辅以司法行政管理，将其作为监管重点，目的在于使分析师保持应有的"独立性"和"利益不相关性"，保证咨询意见与研究报告的公正性。

第四节　从公司内部提高业绩预告披露质量

一　制定公司内部业绩预告披露策略与制度

（一）确定业绩预告信息披露策略

公司管理层应该制定信息披露策略，对于业绩预告信息披露而言，应特别考虑如下问题：第一，根据公司的业务特点，管理层应该确认公司的"核心能力"。与"核心能力"相关的因素对于投资者而言是相当有用的，因此，上市公司应适当披露其经营中的关键因素，这将有助于投资者对上市公司是否能实现其业绩预告值进行判断。第二，管理层应确认与"核心能力"相关的计划和策略，适当披露管理层的经营策略，将公司的发展计划及管理层的实现措施等信息传递给投资者。这些信息为管理层业绩预告提供佐证，有助于投资者作出合理的投资决策。第三，选择衡量这些计划的指标，如市场占有率等，估算并真实披露这些指标对业绩的最终影响。上述指标的披露有助于投资者分析公司经营的优劣，使投资者能更加合理地对业绩预告信息可靠性进行判断。在上市公司不可避免地必须披露坏消息的业绩预告时，这类指标的披露能展示出公司的诚意，充分的信息交流可能让投资者愿意为未来收益而承担此时的风险。第四，业绩预告披露决策需要全面估算上述信息披露对公司的影响，权衡积极影响与负面影响的轻重。在确信披露的收益将大于成本时，公司可作出自愿披露业绩预告信息的决策，并进一步地考虑这些信息披露的具体披露形式。

这样的策略安排将有助于理清上市公司的决策思路，让其从全局出发考虑诸如"是否披露""披露什么""何时披露""披露到什么程度""面对竞争对手的披露作出什么反应"等问题，从而避免上市公司业绩预告披露信息中的短期行为或无规划性行为。

(二) 制定内部信息披露管理制度

创造有利的业绩预告信息披露微观环境，保证上述业绩预告披露策略正常实施，公司信息披露事务管理部门应当制定具体的信息披露管理制度：第一，从制度上明确股东大会、董事会、董事会秘书、监事和经理对业绩预告信息披露的责任与职责，建立相应的责任追究机制。董事长或总经理作为第一责任人，应当参与披露过程，董事会秘书负责具体协调，监事会负责监督，股东大会则负责审议，以提高信息披露的完整性与可靠性。第二，结合相关法律法规和信息披露内容与格式准则规定的最低要求，确定业绩预告信息披露标准。第三，明确自愿披露业绩预告的标准，在不涉及敏感财务信息、商业秘密的基础上，主动、及时地披露未来盈余的信息，为股东与其他利益相关者决策提供支持。第四，明确业绩预告信息公开前在公司内部的流转、审核及披露流程，确保拟对外披露的信息能及时通报董事会秘书，并呈报董事长与董事会，确保业绩预告信息的及时性与准确性。第五，明确公司财务、对外投资等相关部门对信息披露的配合义务，确保公司内部信息渠道畅通，提高信息源在公司内部的传导效率。

二　完善内部公司治理

(一) 完善董事会结构

独立董事制度是公司内部治理中一项重要的制度安排，已被证实其在业绩预告披露中起着积极推动作用。经统计，样本中绝大多数公司独立董事比例已经达到规定比例[①]，但仍有少数公司未按要求设立，如2013年张裕A有独立董事两名，占总席位的18.18%。虽然多数上市公司已按规定设置独立董事席位，现实中的独立董事也因为各种制度与现实障碍，其监督作用难以有效发挥，因此独立董事也得到"花瓶董事"这一称谓。因此，除规定独立董事人数与比例外，还可以采取如下措施增强其独立性，完善其监督职能：设立专门管理部门，向上市公司统一收取与管理独立董事费用，并由其向独立董事发放；建立独立董事市场，完善进入、退出与淘汰机制，利用市场声誉对独立董事进行制约。

在现代管家理论中，董事长兼任总经理被认为有利于提高经营效率，但本书实证结论认为两职分离能维护董事会监督的独立性和有效性，使董事会更好地发挥监控总经理的功能，在提高业绩预告披露质量的同时影响着投资者对信息的理解。董事长与总经理是否兼任不可一概而论，公司在决定时应当考虑股东结构、管理层与控股股东间的关系及公司发展阶段等，特别是当投资者认为两职分离的职权可以更好地保护他们的利益，则还需要特别考虑投资者的要求。

(二) 充分发挥审计委员会作用

目前我国并没要求对业绩预告进行第三方鉴证，因此没能在实证研究中加入这一因素。而公司内部的审计委员会作为董事会下一

[①] 我国在2001年发布的《关于在上市公司建立独立董事制度的指导意见》中，要求所有上市公司在2003年6月30日前，独立董事必须占到全体董事的1/3以上。

个专门委员会,通过审查财务报告流程、内控系统、审计流程、公司治理法律及规章遵守情况及风险管理主动性来协助董事会履行其监督职责。另外与董事会、管理层及内外部审计人员保持有效合作以确保内外部审计人员的独立性,在保证财务信息质量与可靠性方面起着重要作用。

由于业绩预告并不是公司常规的信息披露项目,且公司未来盈余信息具有一定的不确定性,公司内部应设计相应机制以保证其准确可靠。此时可充分发挥审计委员会作用,要求业绩预告披露前由审计委员会进行检查,当审计委员会对业绩预告初案存在异议,且经沟通无法协调时,赋予审计委员会向股东大会报告分歧的权力,以保障业绩预告信息质量。当审计委员会未对预告提出异议,而后被证实预告有较大偏误时,审计委员会应承担一定的责任。另外,为确保审计委员会完成其使命,对其构成与成员资格应有严格要求。例如,NYSE、NASDAQ 等交易所就要求其成员公司审计委员会中外部董事要占多数,由伦敦几家著名的从事审计和管理规范的研究机构在 1992 年提交的卡德伯报告(Cadbury report)要求审计委员会最少由 3 个非执行董事组成。审计委员会的独立性是确保财务报告真实反映公司内幕的关键,也是公司治理结构安排是否有效保护外部投资者利益的重要体现。

(三) 完善公司股权结构

1. 发挥大股东治理效应

股权分散情况下,全体股东都有搭便车的心理,公共产品无从生产,因此所有权结构影响到监督的供应量。解决方案就是让股权结构适当集中,出于对自身利益的追求,大股东更倾向于在公司治理中扮演积极角色,存在较强的激励去提供监督,解决了股权分散产生的监督供给不足的问题。从全球范围来看,股权适当集中、大股东参与治理已成为一种治理潮流。本书结论也支持大股东积极治理效应的观点，研究显示，第一大股东持股比能明显提高业绩预告披露质量；但随着股权集中度增加，市场会对公司披露信息产生怀疑，影响信息的市场反应。因此，应通过各种制度与措施安排对大股东权力进行制衡，避免由其带来的如过度监督和大股东侵占问题等负面影响，充分发挥大股东治理效应。

2. 对大股东权力进行制衡

根据现有的股权制衡研究，公司所有权结构应当在股权适度集中的情况下保持一定的股权制衡，这样既可以达到对大股东的激励作用（解决股权高度分散的问题），又可以在一定程度上抑制大股东的不良行为（解决一股独大的问题）。在本书实证研究中，并没发现股东制衡对业绩预告披露决策有影响，说明其作用并没在我国公司中得到发挥，公司中可能存在其他股东的"搭便车"现象，没能形成对上市公司的有效监督，造成了对公司的监管缺位。建议通过一系列措施强化对大股东权力的制衡，保护投资者利益，具体措施包括：积极推行累积投票制度，尽可能防止大股东利用表决权优势操纵董事的选举，矫正"一股一票"表决制度的弊端，构筑防范大股东滥用权力的制度防线；积极推行流通股特别股东大会制度，切实解决当前非流通股股东肆意侵害流通股股东利益的问题；引入年薪制、股票期权、员工持股等激励制度，提高公司经营者和核心员工对公司绩效和长远利益的关注度，将公司员工纳入公司内部制衡机制。

3. 大力发展机构投资者

股权适当集中，充分发挥大股东治理效应，还需要诸如有股权流动性改革、薪酬制度改革及大力发展机构投资者等各种市场化制度进行配套。就大力发展机构投资者而言，一方面，机构投资者可以利用其规模、信息及人才优势，积极参与公司治理，着眼于公司的长期绩效，采取积极行为，而不是袖手旁观或者简单地用脚投票，以避免中小投资者"用脚投票"带来的效率损失；另一方面，可以避免大股东利用其控制地位侵害中小股东利益，使机构投资者充分发挥其良好治理作用。因此，大力培育机构投资者不仅能改善资本市场参与者结构，而且机构投资者的广泛参与是改善公司大股东监督、塑造良好大股东治理的重要途径。从本书研究结论可以看到，机构投资者持股作为公司治理结构中重要的制度安排，在监督业绩预告披露，提高公司财务信息披露质量方面具有一定的积极作用；并且机构投资者作为公司治理中重要环节，使公司披露的业绩预告可信度更高，引起的市场反应更强烈。从各发达资本市场的发展中都可以清晰地看到，由养老金、保险金等构成的各类基金组成了资本市场机构投资者的主体[①]。但和成熟市场相比，我国证券市场机构投资者数量和比例严重偏低，截至2013年年底，公募基金、保险基金等9类专业机构投资合计持有市值仅占两市市值的10.87%[②]，目前A股市场仍以散户为主，资本市场买方约束机制还未形成，较为紧迫的是大力发展机构投资者。为壮大机构投资者，证监会应建立牌照管理体系，支持符合条件的主体申请公募基金牌照，支持民营资本、专业人士设立基金管理公司，同时积极推动养老金实行专业化运作，依托基金管理，联通资本市场与养老保障体系的桥梁，鼓励全国社保基金、商业保险扩大资本市场投资。

---

① 以美国市场为例，其机构投资者占比在50%以上。据了解，美国的机构投资者包括：养老基金、保险公司、共同基金、其它各种形式的基金、各种投资公司、私人信托机构和捐赠的基金组织等。

② 证券时报网（www.stcn.com），2014年6月13日讯。

研 究 结 论

第一节 研究总结

为了保证业绩预告信息的充分、公正披露,我国目前已形成比较成熟的业绩预告体系。学术界对业绩预告的研究虽然越来越多,但仍缺乏对业绩预告理论基础、基本理论、披露效果及内容特征影响因素的系统研究。基于此,本书首先从业绩预告供需两方影响披露实务的路径出发,找到管理层业绩预告的理论基础,并明确业绩预告基本理论体系中的目标、原则、经济后果及监管等;随后在回顾中美两国业绩预告制度变迁过程基础上,分析了我国近年来业绩预告现状,并从预告内容特征及业绩预告可信度两个角度进行实证研究,其结果为资本市场各方决策提供依据。本书通过系统研究,得出以下几个主要结论:

第一,资本市场与上市公司管理层分别作为业绩预告的需求方与供给方,通过不同的路径影响着业绩预告实务,作用路径可用信息不对称理论、投资者保护理论、有限理性经济人假设、有效市场假设与印象管理理论等理论进行解释。

第二,业绩预告基本理论体系以披露目标为起点,包括动机、披露时应遵循的原则、披露的经济后果及市场监管。作为预测性信息，业绩预告在相关性与及时性上具有显著优势，更能满足市场上各类信息需求者的信息需要，因此，业绩预告应以决策有用为目标，向市场提供关于公司未来收益的信息，有利于信息需求者评价公司的财务状况与未来现金流量；公司管理层受到期望调整动机、代理成本动机、披露形象动机等激励，遵循自愿披露与强制披露互为补充、成本与收益均衡、相关性与可靠性并重原则，及时地为市场参与者提供公司未来收益的信息；同时，公司治理因素、财务因素、其他公司特征与外部环境因素影响着公司管理层业绩预告披露决策；业绩预告披露后，可能带来的经济后果包括影响市场参考与行为、改变公司行为及公司微观经营环境等三个方面，具体来说，业绩预告首先会影响市场分析师的预测、影响投资者投资决策，但前提条件是要求业绩预告信息具有可信度，其次业绩预告披露可能会引起公司的盈余管理行为，并对经营决策产生影响，最后业绩预告可以降低公司诉讼风险、资本成本，建立良好披露形象，改善公司微观经营环境；业绩预告的监管则应从专业规则、日常监督及行政执法三个方面展开。

第三，美国预测性信息披露经历了从禁止披露到鼓励披露的过程，我国资本市场发展较晚，在借鉴美国经验基础上，我国业绩预告制度在这十几年间经历了从无到有，再到逐步完善的过程。自 2007 年以来，我国业绩预告披露合规性不断增强，但仍存在个别公司实际业绩与预告业绩差异大时并没有对预告进行修正或发布业绩快报的情况，因此对预告修正的约束与监管仍需加强。在预告特征方面，预告精确度在逐渐提高但是及时性在减弱，业绩预告整体的准确性没有明显提高。而最近几年业绩预告的自愿性在增强，同时强制性业绩预告的准确性也在提高。从业绩预告披露现状可见，经过多年发展，我国业绩预告制度基本完善，但在规定系统性、层次性及具体预告内容方面还有待改进。

第四，本书从内外部两个方面考察影响管理层业绩预告决策的因素时发现：首先，包括大股东治理、股东制衡、机构投资者及管理层持股、独立董事制度、董事长与总经理两职分离等在内的公司治理各机制在管理层业绩预告披露决策中发挥着一定的作用，因此公司管理层与市场监督方应分别从公司内部与外部完善公司治理机制，为优化业绩预告信息披露创造条件。其次，在公司内部特征方面，影响最为显著的是公司的盈利能力，一般情况下，盈利能力强的公司业绩预告自愿披露意愿较强、精确度高、准确性高、披露及时，且预告值较为谨慎，说明盈利能力在信息披露方面具有较好的治理作用。因此，市场应加强对盈利能力较弱公司信息披露的监管，同时公司管理层也应尽力提高公司盈利能力。最后，在公司外部市场与法规环境方面，公司上市地点影响最为突出。深交所上市公司在业绩预告自愿性、精确度、准确性与及时性等方面均优于上交所上市公司，说明外部市场监管影响着公司业绩预告决策，加强监管与制度规范是提高业绩预告信息质量重要途径之一。

第五，本书以信息论与系统论为基础，通过对管理层业绩预告信息供应链的解析，发现投资者对业绩预告信息的信任度受到业绩预告信息供应链上各个因素的影响，这些因素为市场参与各方决策提供着有用的信息。首先，业绩预告信息自身特征影响着业绩预告的可信性。不管是好消息还是坏消息，市场对于管理层自愿披露业绩预告信息信任程度更高，而由于业绩预告信息的不确定性随着时间推移而减弱，因此，披露越晚的坏消息的业绩预告可信性越高。该研究发现可促使管理层自愿披露更多的业绩预告信息以增加其披露的市场反应，也为市场监管方鼓励管理层自愿披露业绩预告信息提供了依据。其次，市场对前期披露声誉较好的管理层所披露的业绩预告反应更加强烈，因此，公司管理层可以通过提高业绩预告准确性增强其可信度，从而提高其信息传递效率。再次，市场认为财务状况良好以及公司内部治理完善公司的业绩预告较为可信，对这类公司业绩预告的反应程度更大，因此公司管理层可从这两个方面入手，为与市场间的充分交流打好基础。最后，市场分析师在业绩预告信息供应链中的作用并未得到验证，因此市场分析师行业还需要加强自身建设，完善其作为管理层"未来盈余信息有效竞争源"的功能，争取得到投资者的认可。

第六，本书提出从建立健全业绩预告披露法规、加强外部监管、充分发挥证券分析师约束作用、建立公司内部业绩预告披露制度及完善内部公司治理等方面鼓励上市公司自愿披露业绩预告信息、提高业绩预告质量，缩小公司与市场间的信息不对称，提高市场效率。

第二节　研究局限与进一步研究方向

本书以业绩预告理论体系分析为基础，研究其披露可信性及预告特征影响因素，是一种新的尝试，同时难免会有不足的地方以待研究改进：

第一，对业绩预告特征选择影响因素的实证检验虽建立在理论分析之上，但难免会有遗漏，无法将影响因素一一识别出来；另外，业绩预告各特征间也存在相互影响及交互作用的问题，而本书在检验方程中也仅将披露自愿性与披露时间加入其他模型中。这些可能被遗漏的因素是否真正影响着管理层业绩预告决策还有待于进一步研究。

第二，在影响业绩预告特征选择的因素中，有一类来自公司内部，不能被外界直接观察到，只能通过信息披露后管理层对各类交易行为的参与才能被外界获知，本书没能考虑到这类动机对业绩预告决策的影响，如当持有公司股票或股票期权的管理者有意向资本市场上交易其股票或期权时，管理层的业绩预告披露会出现怎样的特点？当管理层面临敌意接管或争夺公司控制权时，管理层又会采用怎样的方式进行披露？这些也将是未来研究的重点。

第三，在变量衡量方面，如自愿性披露对照样本的选取、准确性的取值、消息类型（好消息与坏消息）的标准、信息披露可信性等，均可进一步优化；对于披露可信性方面，还可以通过大规模问卷调查掌握我国信息使用者和政府监管部门对上市公司业绩预告信息的信任程度，即从另一个角度度量可信性。

主要参考文献

[1] 财政部会计准则委员会：《会计基本假设与会计目标》，大连出版社 2005 年版。

[2] 财政部会计准则委员会：《会计信息质量特征》，大连出版社 2005 年版。

[3] 财政部会计准则委员会：《会计要素与财务报告》，大连出版社 2005 年版。

[4] 陈汉文、邓顺永：《盈余报告及时性——来自中国股票市场的经验证据》，《当代财经》2004 年第 4 期。

[5] 陈汉文等：《受托责任、信息披露与规则安排》，《财会通讯》2003 年第 12 期。

[6] 陈君兰、谢赤：《上市公司信息披露质量测度与评价》，《证券市场导报》2013 年第 3 期。

[7] 财政部会计司：《论改进企业报告——美国注册会计师协会财务报告特别委员会综合报告》，陈毓圭译，中国财政经济出版社 1997 年版。

[8] 陈少华、葛家澍等：《公司财务报告问题研究》，厦门大学出版社 2006 年版。

[9] 陈胜蓝、魏明海：《投资者保护与财务会计信息质量》，《会计研究》2006 年第 10 期。

[10] 陈晓、陈小悦、刘钊：《A 股盈余报告的有用性研究——来自上海、深圳股市的实证证据》，《经济研究》1999 年第 6 期。

[11] 陈盈：《对我国上市公司盈利预测信息披露的监管》，博士学位论文，江西财经大学，2006 年。

[12] 戴德明、毛新述、姚淑瑜：《上市公司预测盈余信息披露的有用性研究——来自深圳、上海股市的实证证据》，《中国会计评论》2005 年第 2 期。

[13] 邓发云：《基于用户需求的信息可信度研究》，博士学位论文，西南交通大学，2006。

[14] 杜晓宇：《中国上市公司高管变更期间业绩预告披露行为研究》，博士学位论文，吉林大学，2009 年。

[15] 樊纲、王小鲁：《消费条件模型和各地区消费条件指数》，《经济研究》2004 年第 5 期。

[16] 方红星：《公众公司财务报告的披露、分析与解释机制》，《会计研究》2005 年第 4 期。

[17] 高敬忠、韩传模、王英允：《公司诉讼风险与管理层盈余预告披露方式选择——来自中国 A 股上市公司的经验证据》，《经济与管理研究》2011 年第 5 期。

[18] 高敬忠、周晓苏：《管理层盈余预告消息性质与预告方式操控性选择》，《商业经济与管理》2009 年第 11 期。

[19] 葛家澍、刘峰：《会计理论》，中国财政经济出版社 2003 年版。

[20] 何曾：《预测性盈利信息披露策略的理论影响因素分析》，《企业家天地下半月刊（理论版）》2007 年第 5 期。

[21] 何卫东：《上市公司自愿性信息披露研究》，《上海证券报》2002 年 12 月 23 日。

[22] 何旭强、朱戎：《投资者保护与证券市场发展：理论、经验

与政策》，《产业经济研究》2005 年第 5 期。

[23] ［美］赫伯特·西蒙：《现代决策理论的基石》，杨砾等译，北京经济学院出版社 1991 年版。

[24] 胡汝银：《中国资本市场的发展与变迁》，格致出版社 2008 年版。

[25] 胡威：《管理层盈利预测精确度影响因素及其经济后果研究——来自中国 A 股市场的经验证据》，《财经问题研究》2011 年第 11 期。

[26] 计小青、曹啸：《资本市场财务呈报管制：理论及其对中国实践的解释》，《管理世界》2003 年第 2 期。

[27] ［美］加里·约翰·普雷维茨、［美］巴巴拉·达比斯·莫里诺：《美国会计史——会计的文化意义》，杜兴强、于竹丽等译，中国人民大学出版社 2006 年版。

[28] 简建辉、黄毅勤：《国外行为会计研究概要》，《财会月刊》2009 年第 21 期。

[29] 蒋亚朋：《上市公司盈余变动归因信息披露中的自利性倾向研究》，《现代管理科学》2008 年第 6 期。

[30] 蒋尧明：《上市公司会计信息披露的真实性与虚假陈述研究》，《会计研究》2004 年第 1 期。

[31] 蒋尧明：《会计信息真实性：基于"法律真实说"的理性思考》，《财经理论与实践》2005 年第 5 期。

[32] 蒋尧明：《上市公司财务预测信息虚假陈述民事责任若干问题研究》，《会计研究》2006 年第 6 期。

[33] 蒋义宏：《会计信息真实之程序理性观与结果理性观》，《财经研究》2003 年第 6 期。

[34] 蒋义宏等：《上市公司会计信息及时性研究》，上海财经大学出版社 2007 年版。

[35] [美] 科斯·哈特·斯蒂格利茨等：《契约经济学》，李风圣译，经济科学出版社2003年版。

[36] 劳伦斯·A.温巴奇：《九十年代的财务报告：势在必改》，《会计研究》1997年第8期。

[37] 李桂荣、朱丽敏：《上市公司盈利预测信息自愿披露悖论：提出与解读》，《商业经济与管理》2005年第12期。

[38] 李维安等：《未预期盈利、非标准审计意见与年报披露的及时性——基于2000—2003年上市公司数据的实证研究》，《管理评论》2005年第3期。

[39] 李文虹：《制度变迁对IPO公司盈利预测信息可靠性的影响研究》，硕士学位论文，南京航空航天大学，2006年。

[40] 李晓静：《中国大众媒介可信度指标研究》，博士学位论文，复旦大学，2005年。

[41] 李晓钟：《美国预测性信息披露制度的形成及其借鉴》，《前沿》2007年第12期。

[42] 李艳：《上市公司自愿性盈利预测信息披露影响因素的Logistic研究》，《中国管理信息化》2009年第1期。

[43] 李忠：《中国上市公司信息披露质量研究：理论与实证》，经济学科出版社2012年版。

[44] 栗煜霞：《中美预测性信息披露制度的比较研究》，《会计之友》2008年第3期。

[45] 梁淑香：《盈利预测披露自愿性：经验研究与未来展望》，《广东财经职业学院学报》2008年第1期。

[46] 林斌：《论不确定性会计》，《会计研究》2000年第6期。

[47] 林江辉：《我国上市公司盈余预告披露研究——制度变迁、实证分析与政策建议》，博士学位论文，厦门大学，2003年。

[48] 陆正飞、刘桂进:《中国公众投资者信息需求之探索性研究》，

《经济研究》2002年第4期。

［49］［美］路易斯·罗思、［美］乔尔·塞利格曼：《美国证券监管法基础》，张路等译，法律出版社2008年版。

［50］［美］罗斯·L. 瓦茨、［美］杰罗尔德·L. 齐默尔曼：《实证会计理论》，陈少华等译，东北财经大学出版社1999年版。

［51］吕晓梅：《财务预测信息披露多层次管制探讨》，《当代财经》2007年第9期。

［52］潘琰等：《所有权、公司治理结构与会计信息质量——基于契约理论的现实思考》，《会计研究》2004年第4期。

［53］彭艳：《预测性信息披露与监管研究》，《河南工程学院学报（社会科学版）》2008年第3期。

［54］齐斌：《美国公平披露规则的立法及其实施》，载郭峰《证券法律评论》，法律出版社2003年版。

［55］乔旭东：《上市公司年度报告自愿披露行为的实证研究》，《当代经济科学》2003年第2期。

［56］秦玉熙：《IPO盈利预测自愿披露意愿减弱的原因》，《会计研究》2004年第11期。

［57］裘宗舜、吴清华：《财务报告质量评估：一种整合的观点》，《当代财经》2004年第2期。

［58］沈星元、邓田生：《会计信息可靠性测度模型研究》，《会计月刊》2008年第27期。

［59］沈艺峰：《会计信息披露和我国股票市场半强式有效性的实证分析》，《会计研究》1996年第1期。

［60］沈中华、李建然：《事件研究法：财务与会计实证研究必备》，华泰文化事业股份有限公司2000年版。

［61］威廉·R. 斯科特：《财务会计理论》，陈汉文等译，机械工业出版社2006年版。

[62] 孙蔓莉：《公司年报中的印象管理行为研究》，中国人民大学出版社2005年版。

[63] 孙蔓莉：《论上市公司信息披露中的印象管理行为》，《会计研究》2004年第3期。

[64] 孙蔓莉：《上市公司年报的可理解性研究》，《会计研究》2004年第12期。

[65] 谭燕、黄钰新、李昭：《我国上市公司中期财务报告预测价值研究》，《中国会计评论》2004年第2期。

[66] 唐跃军、吕斐适、程新生：《大股东制衡、治理战略与信息披露——来自2003年中国上市公司的证据》，《经济学（季刊）》2008年第1期。

[67] 唐跃军、谢仍明：《大股东制衡机制与现金股利的隧道效应——来自1999—2003年中国上市公司的证据》，《南开经济研究》2006年第1期。

[68] 唐跃军、薛红志：《企业业绩组合、业绩差异与季报披露的时间选择——管理层信息披露的组合动机与信息操作》，《会计研究》2005年第10期。

[69] 唐跃军、左晶晶：《未预期盈利、审计意见、企业业绩与年报披露时间选择》，《新政治经济学评论》2005年第2期。

[70] 童驯：《上市公司年报业绩预告的股价反应研究》，《证券时报》，2002年。

[71] 汪宜霞、夏新平：《招股说明书信息含量与新股长期市场表现的实证研究》，《中国会计评论》2004年第1期。

[72] 王惠芳：《上市公司业绩预告制度执行情况分析——基于2007年深市上市公司的经验证据》，《经济师》2008年第11期。

[73] 王鑫：《上市公司盈利预测中盈余管理行为的实证研究》，硕士学位论文，沈阳工业大学，2007年。

[74] 王雄元、严艳:《强制性信息披露的适度问题》,《会计研究》2003 年第 2 期。

[75] 王雄元、王永:《上市公司信息披露策略的理论基础》,《审计与经济研究》2006 年第 2 期。

[76] 王雄元:《年度报告披露时间选择研究——来自中国上市公司的经验证明》,中国财政经济出版社 2008 年版。

[77] 王雄元、陈文娜、顾俊:《会计信息可信度、信息披露管理与资源有效配置》,《中国注册会计师》2008 年第 6 期。

[78] 王雄元:《上市公司信息披露策略研究》,中国财政经济出版社 2008 年版。

[79] 王原、徐宗宇:《盈利预测信息及其规范制度——兼论我国盈利预测信息披露的若干问题》,《财经论丛(浙江财经学院学报)》1998 年第 6 期。

[80] 王跃堂、周雪:《管理层披露的信息可信吗?》,《经济管理》2006 年第 5 期。

[81] [美] 威廉·H. 比弗:《财务呈报:会计革命》,薛云奎等译,东北财经大学出版社 1999 年版。

[82] 威廉姆·R. 司可脱:《财务会计理论》,陈汉文等译,机械工业出版社 2000 年版。

[83] 韦沛文、许晓芳:《我国预警制度与上市公司盈余管理相关性研究》,《中国科技信息》2005 年第 10 期。

[84] 魏超:《上市公司盈利预测信息披露文献综述》,《山东工商学院学报》2008 年第 5 期。

[85] 魏明海:《盈余的预期管理与盈余管理》,《审计研究》2005 年第 3 期。

[86] 巫升柱等:《中国上市公司年度报告披露及时性实证研究》,《会计研究》2006 年第 2 期。

[87] 吴东辉、薛祖云：《财务分析师盈利预测的投资价值：来自深沪 A 股市场的证据》，《会计研究》2005 年第 8 期。

[88] 吴霏雨：《美国上市公司预测性财务信息披露制度及其启示》，《财会月刊》2007 年第 2 期。

[89] 吴联生：《投资者对上市公司会计信息需求的调查分析》，《经济研究》2000 年第 4 期。

[90] 吴世农：《我国证券市场效率的分析》，《经济研究》1996 年第 4 期。

[91] 吴世农、黄志功：《上市公司盈利信息报告、股价变动与股市效率的实证分析》，《会计研究》1997 年第 4 期。

[92] 吴水澎等：《财务披露管理方式的维度观》，《会计研究》2002 年第 9 期。

[93] 向凯：《董事会效率对自愿信息披露影响的实证研究》，《中南财经政法大学学报》2006 年第 5 期。

[94] 谢志华、崔学刚：《信息披露水平：市场推动与政府监管——基于中国上市公司数据的研究》，《审计研究》2005 年第 4 期。

[95] 徐程兴：《我国上市公司业绩预告制度的执行情况研究》，《决策借鉴》2002 第 6 期。

[96] 徐洪波、于礼：《管理层业绩预告信息披露时机选择研究——基于投资者有限关注的视角》，《经济与管理》2014 年第 2 期。

[97] 薛爽：《预亏公告的信息含量》，《中国会计与财务研究》2001 年第 3 期。

[98] 杨德明：《预测信息披露与盈余管理》，《中国管理科学》2005 年第 2 期。

[99] 杨慧辉、朱红军：《股票发行定价中的政府管制与盈利预测

信息披露的消亡》,《上海立信会计学院学报》2005年第5期。

[100] 杨清溪、高惠松:《新上市柜公司的公司治理架构与管理当局盈余预测之关联性研究》,《中国会计评论》2007年第2期。

[101] 杨世鉴:《媒体报道与分析师跟踪能够提高信息披露质量吗?——基于我国上市公司业绩预告的分析》,《中国注册会计师》2013年第7期。

[102] 于富生、柳宁:《中美盈利预测信息披露制度之比较》,《财会月刊》2008年第5期。

[103] 于鹏:《IPO公司预测盈利的价值相关性》,《会计研究》2007年第6期。

[104] 俞俊利:《管理层预测性财务信息实证计量简述》,《财会研究》2007年第8期。

[105] [英]马克·布劳格:《经济学方法论》,黎明星等译,北京大学出版社1990年版。

[106] 占卫华:《资本市场中的会计研究》,中国金融出版社2007年版。

[107] 张兵、李晓明:《中国股票市场的渐进有效性研究》,《经济研究》2003年第1期。

[108] 张维迎:《博弈论与信息经济学》,上海三联书店、上海人民出版社1996年版。

[109] 张维迎:《企业理论与中国企业改革》,北京大学出版社1999年版。

[110] 张维迎:《我国上市公司业绩预告状况研究》,《中国对外贸易》2002年第9期。

[111] 张雁翎、彭浩然:《盈利预测误差的契约性与上市公司盈余

管理研究》,《财经研究》2004年第11期。

[112] 张翼、林小驰:《公司治理结构与管理层盈利预测》,《中国会计评论》2005年第2期。

[113] 张宇燕:《经济发展与制度选择——对制度的经济分析》,中国人民大学出版社1992年版。

[114] 张宗新、张晓荣、廖士光:《上市公司自愿性信息披露行为有效吗——基于1998—2003年中国证券市场的检验》,《经济学(季刊)》2005年第1期。

[115] 张宗新:《上市公司信息披露质量与投资者保护研究》,中国金融出版社2009年版。

[116] 赵立新、黄燕铭:《构建以投资者需求为导向的上市公司信息披露体系》,中国金融出版社2013年版。

[117] 中国证券监督管理委员会:《中国资本市场发展报告》,中国金融出版社2008年版。

[118] 周鲜华、田金信:《中国房地产上市公司盈利预测自愿性披露研究》,《沈阳建筑大学学报(自然科学版)》2008年第2期。

[119] 周晓苏、高敬忠:《公司财务风险、盈余预告消息性质与管理层盈余预告披露——基于我国A股2004—2007年数据的检验》,《当代财经》2009年第8期。

[120] 朱开悉:《投资者对上市公司核心能力信息需求的调查分析》,工作论文,2003年。

[121] 卓敏枝:《海峡两岸会计师核阅财务预测问题之比较性探究》,《会计研究月刊》1999年第167期。

[122] Aboody, David, and Ron Kasznik, "CEO Stock Option Awards and the Timing of Corporate Voluntary Disclosures" *Journal of Accounting and Economics*, Vol. 29, 2000.

[123] Ajinkya, B. and Gift, M., "Corporate Managers' Earnings Forecasts and Symmetrical Adjustments of Market Expectations" *Journal of Accounting Research*, Vol. 22, 1984.

[124] Ajinkya, B., Bhojraj Sanjeev and Sengupta Partha, "The Association between Outside Directors, Institutional Investors and the Properties of Management Earnings Forecasts" *Journal of Accounting Research*, Vol. 43, 2005.

[125] Atiase, R., "Predisclosure Information, Firm Capitalization, and Security Price Behavior around Earnings Announcements" *Journal of Accounting Research*, Vol. 23, 1985.

[126] Atiase, R. and Linda Smith Bamber, "Trading Volume Reactions to Annual Accounting Earnings Announcements: The Incremental Role of Predisclosure Information Asymmetry" *Journal of Accounting and Economics*, Vol. 17, 1994.

[127] Atiase, R. et al., "Market Reaction to Multiple Contemporaneous Earnings Signals: Earnings Announcements and Future Earnings Guidance" *Review of Accounting Studies*, Vol. 10, 2005.

[128] Axelrod, R., *The Evolution of Cooperation*, New York: Basic Books, 1984.

[129] Bacon, Frank W., Kwon, et al., "The Effect of Macroeconomic Variables on Stock Market Returns in Developing Markets" *Multinational Business Review*, Vol. 5, 1997.

[130] Baginski, S. and John M. Hassell, "The Market Interpretation of Management Earnings Forecasts as a Predictor of Subsequent Financial Analyst Forecast Revision" *The Accounting Review*, Vol. 65, 1990.

[131] Baginski, S. et al., "The Effects of Management Forecast Preci-

sion on Equity Pricing and on the Assessment of Earnings Uncertainty" *The Accounting Review*, Vol. 68, 1993. p. 17.

[132] Baginski, S. and John M. Hassell, "Determinants of Management Forecast Precision" *The Accounting Review*, Vol. 72, 1997.

[133] Baginski, S., John M. Hassell, and Michael D. Kimbrough, "The Effect of Legal Environment on Voluntary Disclosure: Evidence from Management Earnings Forecasts Issued in U. S. and Canadian Markets" *The Accounting Review*, Vol. 77, 2002.

[134] Baginski S., Hassell J. and Kimbrough M., "Why do Managers Explain their Earnings Forecasts?" *Journal Account Research*, Vol. 42, 2004.

[135] Baik, B. O. K., David B. Farber, et al., "CEO Ability and Management Earnings Forecasts" *Contemporary Accounting Research*, Vol. 28, 2011.

[136] Bailey et al., "Regulation Fair Disclosure and Earnings Information: Market, Analyst and Corporate Responses" *Journal of Finance*, Vol. 58, 2003.

[137] Ball, Ray, and Philip Brown, "An Empirical Evaluation of Accounting Income Numbers" *Journal of Accounting Research*, Vol. 6, 1968.

[138] Bamber, Linda Smith, and Youngsoon Susan Cheon, "Differential Price and Volume Reactions to Accounting Earnings Announcements" *The Accounting Review*, Vol. 70, 1995.

[139] Bamber, Linda Smith, and Youngsoon Susan Cheon, "Discretionary Management Earnings Forecast Disclosures: Antecedents and Outcomes associated with Forecast Venue and Forecast Specificity Choices" *Journal of Accounting Research*, Vol. 36, 1998.

[140] Barry, C. B. and Brown, S. J, "Differential Information and the Small Firm Effect" *Journal of Financial Economics*, Vol. 13, 1984.

[141] Barth, M. E. and A. P. Hutton, "Information Intermediaries and the Pricing of Accruals", Standford University, 2000.

[142] Beasley, Mark S., "An Empirical Analysis of the Relation between the Board of Director Composition and Financial Statement Fraud" *The Accounting Review*, Vol. 71, 1996.

[143] Beattie V. A. and Jones M. J., "Changing Graph Use in Corporate Annual Reports: A Time-Series Analysis" *Contemporary Accounting Research*, Vol. 17, 2000.

[144] Beaver W. H., "The Information Content of Annual Earnings Announcements" *Journal of Accounting Research*, Vol. 6, 1968.

[145] Berle, Adolf Augustus, and Gardiner Gardiner Coit Means, *The Modern Corporation and Private Property*, Transaction Publishers, 1991.

[146] Bettman J. R. and Weitz B. A., "Attributions in the Board Room: Causal Reasoning in Corporate Annual Reports" *Administrative Science Quarterly*, Vol. 28, 1983.

[147] Birnbaum, Michael H. and Steven E. Stegner, "Source Credibility in Social Judgment: Bias, Expertise, and the Judge's Point of View" *Journal of Personality and Social Psychology*, Vol. 37, 1979.

[148] Birt, J. L., Bilson, C. M., Smith, T., Whaley, R. E., "Ownership, Competition, and Financial Disclosure" *Australian Journal of Management*, Vol. 31, 2006.

[149] Botosan, Christine A. and Mary Stanford, "Managers' Motives to

Withhold Segment Disclosures and the Effect of SFAS No. 131 on Analysts' Information Environment" *The Accounting Review*, Vol. 80, 2005.

[150] Brickley, James A., Ronald C. Lease et al., "Ownership structure and voting on antitakeover amendments" *Journal of financial economics*, Vol. 20, 1988.

[151] Brockman, P., I. K. Khurana et al., "Voluntary Disclosures around Share Repurchase" *Journal of Financial Economics*, Vol. 89, 2008.

[152] Brown, L. D. and M. S. Rozeff, "The Superiority of Analyst Forecasts as Measures of Expectations: Evidence from Earnings" *Journal of Finance*, Vol. 33, 1978.

[153] Brown, L. D. et al., "Security Analyst Superiority Relative to Univariate Time-series Models in Forecasting Quarterly Earnings" *Journal of Accounting and Economics*, Vol. 9, 1987

[154] Brown, Stephen, S. Hillegeist et al., "Management Forecasts and Litigation Risk" Sauder School of Business, 2005.

[155] Bushee B. J., Noe C. F., "Corporate Disclosure Practices, Institutional Investors and Stock Return Volatility" *Journal Accounting Research*, Vol. 38, 2000.

[156] Bushman, Robert M. and Abbie J. Smith, "Financial Accounting Information and Corporate Governance" *Journal of Accounting and Economics*, Vol. 32, 2001.

[157] Cairney, Timothy D. and Frederick M. Richardson, "The Credibility of Management Forecasts of Annual Earnings" Available at SSRN 77508, 1998.

[158] Cao, Z. and G. Narayanamoorthy, "The Effect of Litigation Risk

on Management Earnings Forecast" Yale School of Management, 2009.

[159] Chambers, A. E. and S. H. Penman, "Timeliness of Reporting and the Stock Price Reaction to Earnings Announcements" *Journal of Accounting Research*, Vol. 22, 1984.

[160] Chen, C. J. P. and Jaggi, B, "Association between Independent Non-Executive Directors, Family Control and Financial Disclosures in Hong Kong" *Journal of Accounting and Public Policy*, Vol. 19, 2000.

[161] Chen, Kevin CW and Hongqi Yuan, "Earnings Management and Capital Resource Allocation: Evidence from China's Accounting-Based Regulation of Rights Issues" *The Accounting Review*, Vol. 79, 2004.

[162] Cheng, M., K. R. Subramanyam, and Y. zhang, "Earnings guidance and managerial myopia", University of Southern California, 2005.

[163] Cheng, Q. and Terry D. Warfield, "Equity Incentives and Earnings Management" *The Accounting Review*, Vol. 80, 2005.

[164] Chen-Lung Chin, Gary Kleinman, Picheng Lee and Mei-Feng Lin, "Corporate Ownership Structure and Accuracy and Bias of Mandatory Earnings Forecast: Evidence from Taiwan" *Journal of International Accounting Research*, Vol. 5, 2006.

[165] Choi, Young-Soo, John F. O'Hanlon et al., "Conservative Accounting and Linear Information Valuation Models" *Contemporary Accounting Research*, Vol. 23, 2006.

[166] Coller, Maribeth, and Teri Lombardi Yohn, "Management Forecasts and Information Asymmetry: An Examination of Bid-Ask

Spreads" *Journal of Accounting Research*, Vol. 35, 1997.

[167] Collins, William A., Hopwood, et al., "A Multivariate Analysis of Annual Earnings Forecasts Generated from Quarterly Forecasts of Financial Analysts and Univariate Time-Series Models" *Journal of Accounting Research*, Vol. 18, 1980.

[168] Cooper et al., "Budgetary Disclosure and Other Suggestions for Improving Accounting Reports" *The Accounting Review*, Vol. 43, 1968.

[169] Cotter et al., "Expectations Management and Beatable Targets: How do Analysts React to Explicit Earnings Guidance?" *Contemporary Accounting Research*, Vol. 23, 2006.

[170] Dana R. Hermanson, Richard W. Houston and John C. Rice, "PCAOB Inspections of Smaller CPA Firms: Initial Evidence from Inspection Reports" *Accounting Horizons*, Vol. 21, 2007.

[171] Davidson, Ronald A. and Dean Neu, "A Note on the Association between Audit Firm Size and Audit Quality" *Contemporary Accounting Research*, Vol. 9, 1993.

[172] Dempsey S, "Predisclosure Information Search Incentives, Analyst Following, and Earnings Announcement Price Response" *The Accounting Review*, Vol. 64, 1989.

[173] Demsetz, H. and Lehn K, "The Structure of Corporate Ownership: Causes and Consequences" *Journal of Political Economy*, Vol. 93, 1985.

[174] Dimma W. A., *The Changing Role of the Board of Directors*, Vital Speeches of the Day, 1996.

[175] Dolly, J. C, "Characteristics and Procedure of Common Stock Split-Ups" *Harvard Business Review*, Vol. 11, 1933.

[176] Eagly, A., Wood, W., Chaiken, S., "Causal Inferences about Communicators and their Effect on Opinion Change" *Journal of Personality and Social Psychology*, Vol. 36, 1978.

[177] Easley, David and Maureen O'hara, "Information and the Cost of Capital" *The Journal of Finance*, Vol. 59, 2004.

[178] Fama E. F., "The Behavior of Stock-Market Prices" *The Journal of Business*, Vol. 38, 1965.

[179] Fama, E. F. et al., "The Adjustment of Stock Prices to New Information" *International Economic Review*, Vol. 10, 1969.

[180] Fisher, J. and V. Govindarajan, "CEO and Profit Center Manager Compensation as a Social Comparison: an Examination of Owner and Manager Controlled Firms" Unpublished paper, Amos Tuck School of Business Administration, Dartmouth College, Hanover, NH, 1991.

[181] Flanagin, Andrew J. and Miriam J. Metzger, "Perceptions of Internet Information Credibility" *Journalism and Mass Communication Quarterly*, Vol. 77, 2000.

[182] Forker, John J, "Corporate Governance and Disclosure Quality" *Accounting and Business Research*, Vol. 22, 1992.

[183] Francis J., Hanna J. and Philbrick D, "Management Communications with Securities Analysts" *Journal of Accounting and Economics*, Vol. 24, 1998.

[184] Frankel, Richard, Maureen McNichols et al., "Discretionary Disclosure and External Financing" *The Accounting Review*, Vol. 70, 1995.

[185] Friestad M. R. and Wright P, "The Persuasion Knowledge Model: How People Cope with Persuasion Attempts" *Journal of Con-

sumer Research, Vol. 21, 1994.

[186] Frost C. A., "Disclosure Policy Choices of UK Firms Receiving Modified Audit Reports" *Journal of Accounting and Economics*, Vol. 23, 1997.

[187] Akerolf, G. "The Market for Lemons: Quality Uncertainty and the Market Mechanism" *Quarterly Journal of Economics*, Vol. 84, 1970.

[188] Givoly, Dan, and Dan Palmon. "Timeliness of Annual Earnings Announcements: Some Empirical Evidence" *The Accounting Review*, Vol. 57, 1982.

[189] Gjesdal F., "Accounting for Atewardship" *Journal of Accounting Research*, Vol. 19, 1981.

[190] Gomes A., G. Gorton and L. Madureira, "SEC Regulation Fair Disclosure, Information, and the Cost of Capital" Washington University, 2006.

[191] Graham J., C. Harvey and S. Rajgopal, "The Economic Implications of Corporate Financial Reporting" *Journal of Accounting and Economics*, Vol. 40, 2005.

[192] Guojin Gong, Laura Yue Li and Hong Xie, "The Association between Management Earnings Forecast Errors and Accruals" *The Accounting Review*, Vol. 84, 2009.

[193] Hamada, Robert S., "Portfolio Analysis Market Equilibrium and Corporation Finance" *The Journal of Finance*, Vol. 24, 1968.

[194] Harris, Mary Stanford, "The Association between Competition and Managers' Business Segment Reporting Decisions" *Journal of Accounting Research*, Vol. 36, 1998.

[195] Hassell, J., R. Jennings, et al., "Management Earnings Fore-

casts: Their Usefulness as a Source of Firm-Specific Information to Security Analysts" *Journal of Financial Research*, Vol. 11, 1988.

[196] Hassell, John M., and Robert H. Jennings, "Relative Forecast Accuracy and the Timing of Earnings Forecast Announcements" *The Accounting Review*, Vol. 61, 1986.

[197] Healy, K. G. Palepu, "Information Asymmetry, Corporate Disclosure, and the Capital Markets: A Review of the Empirical Disclosure Literature Material Source" *Journal of Accounting and Economics*, Vol. 31, 2001.

[198] Healy, Paul M., Amy P. Hutton, et al., "Stock Performance and Intermediation Changes Surrounding Sustained Increases in Disclosure" *Contemporary Accounting Research*, Vol. 16, 1999.

[199] Healy, Paul M., Wahlen, et al., "A Review of the Earnings Management Literature and Its Implications for Standard Setting" *Accounting Horizons*, Vol. 13, 1999.

[200] Heflin, Frank, K. R. Subramanyam, et al., "Regulation FD and the Financial Information Environment: Early Evidence" *The Accounting Review*, Vol. 78, 2003.

[201] Hirst D. Eric, Lisa Koonce, and Shankar Venkataraman, "Management Earning Forecasts: A Review and Framework" *Accounting Horizons*, Vol. 22, 2008.

[202] Hirst D. Eric, Lisa Koonce, and Shanksr Venkataraman, "How Disaggregation Enhances the Credibility of Management Earnings Forecasts" *Journal of Accounting Research*, Vol. 45, 2007.

[203] Hirst, D. Eric, Lisa Koonce, et al., "The Joint Effect of Management's Prior Forecast Accuracy and the Form of its Finan-

cial Forecasts on Investor Judgment" *Journal of Accounting Research*, Vol. 37, 1999.

[204] Hodge, F., P. Hopkins, et al., "Classification Discretion, Reporting Reputation, and Disclosure Credibility: The Case of Hybrid Securities" Indiana University, 2000.

[205] Hovland C. I., I. L. Janis and H. H. Kelley, *Communication and Persuasion: Psychological Studies in Opinion Change*, New Haven: Yale University Press, 1953.

[206] Hovland, Carl I., and Walter Weiss, "The Influence of Source Credibility on Communication Effectiveness" *Public Opinion Quarterly*, Vol. 15, 1951.

[207] Hutton Amy P., "Determinants of Managerial Earnings Guidance Prior to Regulation Fair Disclosure and Bias in Analysts' Earnings Forecasts" *Contemporary Accounting Research*, Vol. 22, 2005.

[208] Hutton Amy P., Stocken Phillip C., "Prior Forecasting Accuracy and Investor Reaction to Management Earnings Forecasts" Working paper, 2009.

[209] Hutton et al., "The Role of Supplementary Statements with Management Earnings Forecasts" *Journal of Accounting Research*, Vol. 41, 2003.

[210] Hutton, A., and P. Stocken., "Effect of Reputation on the Credibility of Management Forecasts" Boston College and Dartmouth College, 2007.

[211] Hutton, A., Miller, G., Skinner, D., "Effective Voluntary Disclosure" Harvard Business School, 2000.

[212] Imhoff, Eugene A. Jr., "The Representativeness of Management

Earnings Forecasts" *The Accounting Review*, Vol. 53, 1978.

[213] Ingram R W, Frazier K B., "Narrative Disclosures in Annual Reports" *Journal of Business Research*, Vol. 11, 1983.

[214] Isabel Yanyan Wang, "Private Earnings Guidance and Its Implications for Disclosure Regulation" *The Accounting Review*, Vol. 82, 2007.

[215] Jaggi, Bikki, et al., "Earnings Forecast Disclosure Regulation and Earnings Management: Evidence from Taiwan IPO Firms" *Review of Quantitative Finance and Accounting*, Vol. 26, 2006.

[216] Jarrell, Gregg A. and Annette B. Paulsen, "Shark Repellents and Stock Prices: The Effects of Antitakeover Amendments since 1980" *Journal of Financial Economics*, Vol. 19, 1987.

[217] Jennings, Robert, "Unsystematic Security Price Movements, Management Earnings Forecasts, and Revisions in Consensus Analyst Earnings Forecasts" *Journal of Accounting Research*, Vol. 25, 1987.

[218] Johnson, Simon and Andrei Shleifer, "Privatization and Corporate Governance" Harvard Business School, 2001.

[219] Karamanou, Irene and Nikos Vafeas, "The Association between Corporate Boards, Audit Committees, and Management Earnings Forecasts: An Empirical Analysis" *Journal of Accounting Research*, Vol. 43, 2005.

[220] Kasznik, R., "On the Association between Voluntary Disclosure and Earning Management" *Journal of Accounting Research*, Vol. 33, 1999.

[221] Kasznik, Ron, and Baruch Lev, "To Warn or not to Warn: Management Disclosures in the Face of an Earnings Surprise" *The*

Accounting review, Vol. 70, 1995.

[222] Kim, Oliver and Robert E. Verrecchia, "Trading Volume and Price Reactions to Public Announcements" *Journal of Accounting Research*, Vol. 29, 1991.

[223] King, R, G. Pownall, et al., "Expectations Adjustment via Timely Management Forecasts: Review, Synthesis, and Suggestions for Future Research" *Journal of Accounting Literature*, Vol. 9, 1990.

[224] Koch, A., "Financial Distress and the Credibility of Management Earnings Forecasts" Carnegie Mellon University, 2002.

[225] Kripke, Homer, "SEC, the Accountants, Some Myths and Some Realities" The *NYUL Rev*, Vol. 45, 1970.

[226] La porta, R. Lopez-de-Silanes, Florencio, et al., "Legal Determinants of External Finance" *Journal of Finance*, Vol. 52, 1997.

[227] La porta, R. Lopez-de-Silanes, Florencio, et al., "Law and Finance" *Journal of Political Economic*, Vol. 106, 1998.

[228] La porta, R. Lopez-de-Silanes, Florencio, et al., "Investor Protection: Origins, Consequences, and Reform" *National Bureau of Economic Research*, Vol. 7428, 1999.

[229] La porta, R. Lopez-de-Silanes, Florencio, et al., "Investor Protection and Corporate Governance" *Journal of Financial Economics*, Vol. 58, 2000.

[230] Lang, Mark H., and Russell J. Lundholm, "Corporate Disclosure Policy and Analyst Behavior" *The Accounting Review*, Vol. 71, 1996.

[231] Lang, Mark H., and Russell J. Lundholm, "Voluntary Disclo-

sure and Equity Offerings: Reducing Information Asymmetry or Hyping the Stock?" *Contemporary Accounting Research*, Vol. 17, 2000.

[232] Lang, Mark, and Russell Lundholm, "Cross-Sectional Determinants of Analyst Ratings of Corporate Disclosures" *Journal of Accounting Research*, Vol. 31, 1993.

[233] Lawrence D. Brown and Marcus L. Caylor, "A Temporal Analysis of Quarterly Earnings Thresholds: Propensities and Valuation Consequences" *The Accounting Review*, Vol. 80, 2005.

[234] Leary, Mark R., and Robin M. Kowalski, "Impression Management: A Literature Review and Two-Component Model" *Psychological Bulletin*, Vol. 107, 1990.

[235] Lee et al., "Effect of Regulation FD on Asymmetric Information" *Financial Analysts Journal*, Vol. 60, 2004.

[236] Lev, Baruch, and Stephen H. Penman, "Voluntary Forecast Disclosure, Nondisclosure, and Stock Prices" *Journal of Accounting Research*, Vol. 28, 1990.

[237] Lin, Hsiou-wei, and Maureen F. McNichols, "Underwriting Relationships, Analysts' Earnings Forecasts and Investment Recommendations" *Journal of Accounting and Economics*, Vol. 25, 1998.

[238] Lintner, John, "The Valuation of Risk Assets and the Selection of Risky Investments in Stock Portfolios and Capital Budgets" *The Review of Economics and Statistics*, Vol. 47, 1965.

[239] Malmendier, Ulrike, and Geoffrey Tate, "Superstar CEOs" *Quarterly Journal of Economics*, Vol. 124, 2009.

[240] Maribeth C. and T. L. Yohn, "Management Forecasts and In-

formation Asymmetry: an Examination of Bid-Ask Spreads" *Journal of Accounting Research*, Vol. 35, 1997.

[241] Maribeth Coller, Teri Lombardi Yohn, "Management Forecast: What do We Know?" *Financial Analysts Journal*, Vol. 54, 1998.

[242] McNichols, M., "Evidence of Informational Asymmetries from Management Earnings Forecasts and Stock Returns" *The Accounting Review*, Vol. 64, 1989.

[243] Mercer, Molly, "How do Investors Assess the Credibility of Management Disclosures?" *Accounting Horizons*, Vol. 18, 2004.

[244] Mercer, Molly, "The Fleeting Effects of Disclosure Forthcomingness on Management's Reporting Credibility" *The Accounting Review*, Vol. 80, 2005.

[245] MertonMiller, Modigliani Franco, "The Cost of Capital, Corporate Finance and the Theory of Investment" *American Economic Review*, Vol. 48, 1958.

[246] Miller, Gregory S., "Earnings Performance and Discretionary Disclosure" *Journal of Accounting Research*, Vol. 40, 2002.

[247] Molly Mercer, "The Fleeting Effects of Disclosure Fothcomingness on Management's Reporting Credibility" *The Accounting Review*, Vol. 80, 2005.

[248] Nagar, V., D. Nanda and P. Wysocki. "Discretionary Disclosure and Stock-Based Incentives" *Journal of Accounting and Economics*, Vol. 34, 2003.

[249] Ng et al., "Management Forecasts, Disclosure Quality, and Market Efficiency" University of Pennsylvania, 2006.

[250] O'Connor, Neale G., and Maris G. Martinsons, "Management of Information Systems: Insights from Accounting Research" *In-*

formation and Management, Vol. 43, 2006.

[251] Penman Stephen H., "Insider Trading and the Dissemination of Firms' Forecast Information" *The Journal of Business*, Vol. 55, 1982.

[252] Penman, S., "An Empirical Investigation of the Voluntary Disclosure of Corporate Earnings Forecasts" *Journal of Accounting Research*, Vol. 18, 1980.

[253] Penman, S. H., "The Predictive Content of Earnings Forecasts and Dividends" *Journal of Finance*, Vol. 38, 1983.

[254] Pownall, G., C. Wasley, and G. Waymire, "The Stock Price Effects of Alternative Types of Management Earnings Forecasts" *The Accounting Review*, Vol. 68, 1993.

[255] Rees, William P., B. Giner, "On the Asymmetric Recognition of Good and Bad News in France, Germany and the UK" *Journal of Business Finance and Accounting*, Vol. 28, 2001.

[256] Richard, Lambert, Christian Leuz, et al., "Accounting Information, Disclosure, and the Cost of Capital" *Journal of Accounting Research*, Vol. 45, 2007.

[257] Richards, R. Malcolm, James J. Benjamin, et al., "An Examination of the Accuracy of Earnings Forecasts" *Financial Management*, Vol. 6, 1977.

[258] Rogers, J. L., and P. C. Stocken, "Credibility of Management Forecasts" *The Accounting Review*, Vol. 80, 2005.

[259] Ruland, W., "The Time Series of Earnings for Forecast Reporting and Nonreporting Firms" *Journal of Business Finance and Accounting*, Vol. 6, 1979.

[260] Schwenk, Charles R., "Conflict in Organizational Decision

Making: An Exploratory Study of its Effects in For-Profit and Not-For-Profit Organizations" *Management Science*, Vol. 36, 1990.

[261] Sharpe, William F., "Capital Asset Prices: A Theory of Market Equilibrium under Conditions of Risk" *The Journal of Finance*, Vol. 18, 1964.

[262] Shleifer, Andrei, and Robert W. Vishny, "A Survey of Corporate Governance" *The Journal of Finance*, Vol. 52, 1997.

[263] Skinner, D. J., "Why Firms Voluntarily Disclose Bad News" *Journal of Accounting Research*, Vol. 32, 1994.

[264] Spence, A. M., "Market Signaling: Informational Transfer in Hiring and Related Screening Processes. Cambridge: Harvard University Press, 1974.

[265] Staw B. M., McKechnie P. I., Puffer S. M., "The Justification of Organizational Performance" *Administrative Science Quarterly*, Vol. 28, 1983.

[266] Stocken, Phillip C., "Credibility of Voluntary Disclosure" *The RAND Journal of Economics*, Vol. 31, 2000.

[267] Tan, H. T. and Libby, R., "Analysts' Reactions to Warnings of Negative Earnings Surprises" *Journal of Accounting Research*, Vol. 37, 1999.

[268] Timothy B. Bell, Wayne R. Landsman, Bruce L. Miller, et al., "The Valuation Implications of Employee Stock Option Accounting for Profitable Computer Software Firms" *The Accounting Review*, Vol. 77, 2002.

[269] Trueman, B., "Why do Managers Voluntarily Release Earnings Forecasts" *Journal of Accounting and Economics*, Vol. 8, 1986.

[270] Verrecchia, Robert E., "Discretionary Disclosure" *Journal of*

Accounting and Economics, Vol. 5, 1983.

[271] Vivian W. Fang., "The Role of Management Forecast Precision in Predicting Management Forecast Error" Working paper, 2009.

[272] Wagenhofer, Alfred., "Voluntary Disclosure with a Strategic Opponent" Journal of Accounting and Economics, Vol. 12, 1990.

[273] Wallman, Steven MH., "The Future of Accounting and Disclosure in an Evolving World: The Need for Dramatic Change" Accounting Horizons, Vol. 9, 1995.

[274] Waymire, Gregory, "Additional Evidence on the Information Content of Management Earnings Forecasts" Journal of Accounting Research, Vol. 22, 1984.

[275] Waymire, Gregory, "Earnings Volatility and Voluntary Management Forecast Disclosure" Journal of Accounting Research, Vol. 23, 1985.

[276] Welker, M., "Disclosure Policy, Information Asymmetry and Liquidity in Equity Markets" Contemporary Accounting Research, Vol. 11, 1995.

[277] West, Richard R., "On the Difference between Internal and External Market Efficiency" Financial Analysts Journal, Vol. 31, 1975.

[278] Wiedman, C., "Discussion of: Voluntary Disclosure and Equity Offering: Reducing Information Asymmetry or Hyping the Stock?" Contemporary Accounting Research, Vol. 17, 2000.

[279] William Ruland, Samuel Tung, Nashwa E. George, "Factors Associated with the Disclosure of Managers' Forecasts" The Accounting Review, Vol. 65, 1990.

[280] Williams P., "The Relation between Prior Earnings Forecast by

Management and Analyst Response to a Current Management Forecast" *The Accounting Review*, Vol. 71, 1996.

[281] Yonca Ertimura, Ewa Slettenb and Jayanthi Sunder, "Large Shareholders and Disclosure Strategies: Evidence from IPO Lock-up Expirations" *Journal of Accounting and Economics*, Vol. 58, 2014.

[282] Zahra, Shaker A., and John A. Pearce, "Boards of Directors and Corporate Financial Performance: A Review and Integrative Model" *Journal of Management*, Vol. 15, 1989.

[283] Zeff Stephen A., "The Rise of 'Economic Consequences'" *The Journal of Accountancy*, Vol. 12, 1978.

[284] Zingales, Luigi, Rajan, et al., "Which Capitalism? Lessons form the East Asian Crisis" *Journal of Applied Corporate Finance*, Vol. 11, 1998.

后　记

完成本书最后一次校对开始写后记的时候，我的内心有一种如释重负的感觉，尽管我总觉得应该进一步修改以求更加完美，最终还是决定就此打住，且开始享受这份喜悦之情吧。

本书在我博士论文的基础上修改而成。"落其实者思其树，饮其流者怀其源。"论文选题之初得到恩师罗飞教授的认可与支持，在顺利完成前半部分的理论与制度变迁内容之后，论文的写作一度由于工作、家庭而中断。在那一段时间中，一想起这件重要的事，我便会处于紧张不安的状态之中，半夜惊醒久久不能入睡，惟恐不能最终完成论文。感谢恩师的不断鼓励、家人的支持和朋友们的敦促，让我在2014年暑假重拾信心，重新回到论文的写作状态中。从数据收集、整理开始，到模型构建、假设检验，一步一步艰难前行，终于在学期初完成初稿。衷心感谢恩师罗飞教授多年来对我的无私教诲和厚爱，让我感到无尽的温暖。恩师学识渊博、专业功底深厚，平易近人、循循善诱的工作作风与领导艺术，使我受益匪浅。

"独学而无友，则孤陋而寡闻"。该书的完成得到中南财经政法大学多位同事李燕媛老师、王惠芳老师、黄洁莉老师、徐伟康老师，以及本人所带课程的本科生周永彤、孔祥年的大力支持。四位老师为该书的形成和修改给予了大力支持和热心帮助。周永彤、孔祥年放弃暑假休息时间参与了第四章、第五章的数据收集、整理及回归分析工作。中国社会科学出版社马克思主义理论出版中心徐沐熙博士为该书的编辑、审核付出了艰辛的劳动，在此一并表示感谢。

  本书同时也受中央高校基本科研业务费资助。由于本人才疏学浅，本书未免仍有不当之处，敬请包涵并提出宝贵意见。

2018 年 10 月 30 日